保罗·盖蒂传

李慧君◎著

时代文艺出版社

图书在版编目（CIP）数据

保罗·盖蒂传 / 李慧君著. —长春：时代文艺出版社，2015.12（2023.7重印）
（世界商业名人传记丛书）

ISBN 978-7-5387-4840-6

Ⅰ.①保… Ⅱ.①李… Ⅲ.①盖蒂，J.P.（1892～1976）－传记 Ⅳ.①K837.125.38

中国版本图书馆CIP数据核字（2015）第210467号

出 品 人　陈　琛
责任编辑　刘瑀婷
助理编辑　史　航
装帧设计　孙　利
排版制作　隋淑凤

保罗·盖蒂传

李慧君　著

出版发行 / 时代文艺出版社

地址 / 长春市福祉大路5788号　龙腾国际大厦A座15层　邮编 / 130118
总编办 / 0431-81629751　发行部 / 0431-81629755
官方微博 / weibo.com / tlapress　天猫旗舰店 / sdwycbsgf.tmall.com
印刷 / 北京市一鑫印务有限公司
开本 / 710mm×1000mm　1 / 16　字数 / 138千字　印张 / 12
版次 / 2015年12月第1版　印次 / 2023年7月第3次印刷　定价 / 36.00元

图书如有印装错误　请寄回印厂调换

目录

　　保罗·盖蒂曾被人们称为世界首富，然而没有人准确地知道他有多富有，甚至连估计也不行，因为盖蒂从来不喜欢讨论他的财富。但是，在大众传播媒体的不断渲染下，对于他的财富，人们已经被激发起了一种难以言说的好奇。

　　"你是世界上最富有的人吗？"自从1957年的10月份后，这就成了大家最想问盖蒂的一个问题。因为当期的《富豪》杂志列举了全美国最富有的一些人士的名单，而盖蒂的名字排在第一位。

　　在此之后，这个消息又经过报纸和其他传播媒体的宣传，盖蒂在人们的口中成了"世界上最富有的人"。当保罗·盖蒂的世界首富地位被媒体披露出来以后，他立即成为企业界、舆论界关注的焦点。

在这之后的20年中，新闻媒体一直孜孜不倦地向他盛情地约稿。功夫不负有心人，在他生命的最后阶段，这位保持低调行事，让人倍感神秘的石油大王终于答应了。这一决定之后，他开始先后撰写了总结人生经验和经商经验的各种文章。与此同时，各家媒体也开始了大量对保罗·盖蒂先生的公开采访，而且从各种角度对这个让人咋舌的首富进行了较为广泛的宣传和报道。

保罗·盖蒂的文章和访谈的内容主要是针对青年人的，他以自己纵横石油等领域的几十年的丰富传奇经历，展开了对经营工作还有为人处世的广泛的叙述。他的这些文章为"闯天下的年轻人"和"未来的百万富翁"解决了很多经营中的根本性问题，这些内容不仅广博而且十分精辟，同时对经商中的一些十分细微的问题也有耳提面命的教诲，这都充分显示了一个获得非比寻常成功的企业家的大家风范。

盖蒂曾说过，把他所拥有的财富分出去并没有什么好处，因为天意从来都不是公平的。即使天意是公平的，可是由于人的各种缺点，很快就会再出现不平衡的局面，而且人们总是善于制造出不公正、不公平。

保罗·盖蒂认为，由于命运还有自身的努力，有些人的地位总是会比其他人升得更快，升得更高。有些人，写书的数量比其他人卖出去的总数还要多数倍。成功的人屈指可数，然而为同一个目标努力失败的人成千上万。命运是个奇特的东西，多数时候付出跟得到成正比，但是总有一些命运垂青的幸运儿，他们付出的努力会得到格外丰厚的回报。

这个道理在经商中也是一样，有一些商人会比其他的商人更成功，得到更多的合作机会，积累起更多的财富。他们当然是应当骄傲的，尤其是当他们再把所积累起来的财富都用于再次的建设和生产方面。

有很多人都说：盖蒂之所以有这样瞩目的成就，只是因为他在年轻的时候比较走运而已。而当年那种发财的机会和背景，早已经不复存在了。对此盖蒂再三强调说：在我看来，再也没有比这个更错误和荒谬的想法了。从官方发表的统计数字可以清楚地看出来，成为百万富翁的人的总数一年比一年增加，这个比例远远超过人口的增加率。他总是不厌其烦地鼓励年轻人要树立远大的志向，把握住比以往更多、更好的机会。

盖蒂出生于1892年，1976年逝世，享年85岁。在他去世的十年后，他的儿子葛登·盖蒂仍被新闻界认为是当时世界上活着的人中最富有的人之一。

在所有美国的超级企业家中，盖蒂的受教育程度最高。因此，他在自己的书中所总结出的经商经验以及为人处世的哲学和智慧都显示出了不同凡响的深度。这一点也是其他人望尘莫及的。就连希腊船王欧纳西斯也公开表示非常佩服保罗·盖蒂，"不是因为保罗·盖蒂拥有比我更多的财富，而是因为他那种对科学、对艺术的知识竟然这样的渊博……"

在保罗·盖蒂的文章和谈话中，都贯穿着这样的一个基本思想。那就是，一个人成为百万富翁，要有运气、知识、勤奋，而这其中勤奋尤为重要。不过，最最重要和最核心的是需要一种才能，可以叫作"百万富翁的头脑"——清楚地知道怎样增加利润，降低成本，知道什么是商机。

　　本书清晰有序地展示了这位一代首富从小的生活环境、成长过程以及他叱咤商界的经营历程和独特的经营之道。

第一章　少不更事的年代

1. 懂事的孩子

1892年10月25日，保罗·盖蒂出生在美国的明尼阿波利斯。在大家的眼里，盖蒂的父母十分般配。父亲乔治·盖蒂有着一双明亮的蓝眼睛，头脑十分敏锐。他不仅英俊，而且心地善良，他那仁慈而又坦白正直的心胸，得到了大家的喜爱和尊敬。

母亲莎娜·盖蒂拥有一头美丽的金色长发，脸蛋也非常漂亮，她那大而明亮的眼睛让整个面孔看上去熠熠生辉。不仅如此，她还接受过很好的教育，举止端庄、大方。她和别人交流的时候，都能保持着很好的耐心和幽默感。

他们二人自从在大学里研修教育学院相遇之后，便彼此相爱而又相互照顾。很快，两人的关系也越来越亲密了，然后他们决定走进婚姻的殿堂。于是，他们在明尼苏达州举行了婚礼。两人相偎相依的情谊，在结婚之后变得更加牢固了。夫妻两人建立起了很好的伙伴关系，一切事务平等分担，许多家里的事都是相互商量着来做决定。

乔治本来是一名教员，其实他一直都很想学法律，但是苦于没有机会，因为他需要一个职位来挣钱养家。后来，莎娜决定要让自己的丈夫选择自己喜欢的行业，在她的精神鼓励和财力支援下，乔治才有机会继续深造，从法律学校毕业之后，他成了一名律师。

他们夫妻俩结婚后的第二年，就生下了一个可爱的小女孩——

露易丝（盖蒂的姐姐）。但好景不长，露易丝在两岁的时候，感染了当时流行的伤寒病。由于当时的医疗条件很落后，路易丝的病最终也没能够治愈，夭折了。一年以后，他们又迎来了第二个孩子，这个孩子就是保罗·盖蒂。

在盖蒂小时候，他的父母都非常疼爱他。以前他们夫妻俩几乎没吵过架，但有了盖蒂之后，两人经常会为盖蒂的一些事吵起来。一天傍晚，盖蒂一个人在地板上爬着玩，母亲莎娜在隔壁房间里收拾屋子。这时候，盖蒂的父亲乔治下班回来了，看到盖蒂正一个人在那里玩，就走过去把他抱在怀里，然后微笑着问小盖蒂："宝贝，你妈妈呢？"小盖蒂含糊不清地回答："在旁边那间屋子里。"

乔治听见盖蒂说话含糊，好像是嘴里含着什么东西。他让盖蒂张开嘴，仔细一看，原来是妻子的一件首饰。这可把乔治给吓坏了，慌忙把东西从盖蒂嘴里掏出来，然后生气地对妻子大声喊："莎娜，你怎么不好好照顾盖蒂呢？"莎娜从房间里出来问："怎么了，他不一直都是这样玩吗？"乔治举着那件首饰："看看！他嘴里一直含着你的首饰，这多么危险。""我又没注意，再说那么大的东西，他又咽不下去。"莎娜反驳道……

就这样，夫妻两人你一言我一语地吵了起来，乔治认为莎娜只需要照看好盖蒂就行了。而莎娜却认为盖蒂既聪明又懂事，并不需要一直陪在他身边。而且，她还认为自己也有很多事情要做，不可能一直陪在盖蒂的身边。盖蒂在父母的关爱和他们这样无休止的争吵中，渐渐长大。

在盖蒂4岁的时候，父亲乔治和姐姐路易丝一样，也感染了伤寒病。幸好乔治的身体素质比较好，虽然医疗条件不好，但他也艰难地挺了过来。从此以后，乔治就开始信仰基督教，他认为自己是在上帝的帮助下才恢复了健康。盖蒂的母亲莎娜信仰的则是当地的一个地方教派，她一直严格遵循着不吸烟、不喝酒和不撒谎的教规。

做了律师以后，乔治的工作压力越来越大，有很多诉讼案件很难处理。为了缓解压力，他开始经常喝酒，偶尔还会抽点烟。这让严格遵守教规的莎娜感觉非常不满，因此，两人的争吵也更加频繁了。

每当父母吵架的时候，盖蒂就很想念从前一家人开心游玩的时光。后来，盖蒂发现他们每次吵架，母亲都会抢夺父亲喝酒的那个杯子。在他幼小的心灵里，一直认为肯定是这个杯子惹的祸，所以父母才会争吵不断，于是就决定把杯子偷偷拿出去打碎。酒杯是乔治最心爱的东西，他每次使用完都会很精心地保存起来。盖蒂注意到，杯子总是放在柜子顶上。

有一天，父亲去上班以后，盖蒂就等母亲忙着做家务的时候，一个人悄悄地来到柜子前。柜子很高，盖蒂根本够不到顶部，于是他就搬来了一个凳子。可他的个子还是太矮了，就是站在凳子上踮着脚也够不到杯子。他猛地向上一蹦伸手去抓杯子，结果不仅没抓到杯子，还从凳子上摔了下来，磕伤了腿。盖蒂坐在地上哭了起来，母亲看到后，马上带他去了医院。

乔治下班回家，发现家里没人，还是邻居告诉他，莎娜带着盖蒂去了医院。来到医院后，乔治看到儿子腿上缠着绷带，就问莎娜发生了什么事。莎娜告诉他，盖蒂为了拿柜子顶上的酒杯才不小心摔了下来。乔治很生气，觉得妻子从来都不知道仔细照看孩子。眼看父母又要吵起来，盖蒂十分委屈，他小声地对他们说了自己去拿杯子的原因。听完了小盖蒂的话，乔治和莎娜都沉默了。

乔治从此以后就很少再喝酒了，夫妻俩也几乎不再吵架了，他们发现自己还没有一个孩子懂事。从这一次之后，一家人开始变得非常和睦，乔治和莎娜不想再给盖蒂留下糟糕的印象，他们之间的感情也变得越来越深。

2. 早年的成长

当然，盖蒂和一般男孩子一样，有时候也很调皮。有一次，盖蒂看到他们家树上有一个新筑的鸟巢，他觉得里面肯定有鸟蛋。那棵树长得不是很高大，而且枝叶很繁茂，盖蒂觉得自己可以很轻松地就爬上去。

爬树对盖蒂来说本算不了什么，可这次他一不小心，腿夹在了树杈中间。盖蒂怎么用劲儿都拔不出来，反而越挣扎夹得越紧了。本来他的胆子很大，经常在很高的建筑上上上下下地玩耍，可现在他第一次感觉到，原来高处是那么危险。盖蒂双手紧紧地搂着树干，一点也不敢放松，并且开始大声地喊自己的父母。

乔治和莎娜听到盖蒂的喊叫声后，马上从屋里跑了出来。莎娜看到盖蒂困在树上急得眼泪都快出来了，而乔治则比较冷静，他告诉盖蒂一定要抱紧大树，自己马上就爬上去救他。乔治顺着树干爬到了盖蒂身旁，他伸手来抱盖蒂，可盖蒂的腿还是紧紧地夹在树杈里。而乔治只能腾出一只手，没办法用两只手扒开树枝，试了几次也没能把盖蒂救出来，最后就连他也急出了一头汗。

后来，莎娜在树下喊道："乔治，踩到我肩膀上来，我托着你。"乔治看了看她，摇摇头说："不行，我太重，你禁不住的。"又过了一会儿，乔治说："莎娜，你去屋里拿几张大椅子出来，摞起来放在我脚下。"

椅子摞好后，莎娜扶着，乔治站在上面轻轻地把盖蒂托了起来，他的腿终于出来了，盖蒂总算是安全了。莎娜心疼地抱着他，但乔治则很严厉地看着他，并警告他以后不准再爬树。

幸运的是，盖蒂的父亲管教子女的观念是以讲道理和懂规矩为主的，一般不会动手打人。但是，如果盖蒂做出了父亲严令禁止的事，父亲也不会轻易放过他。有的时候，盖蒂的父亲认为男孩子还是需要好好教训一下的。

以前，盖蒂养了一条狗，是棕色的杂种狗，名字叫吉甫。盖蒂是在一条街上碰到它的，当时天已经很晚了，他正走在回家的路上，忽然发现路边有一条脏兮兮的小狗，饿得皮包骨头，还时不时地发出呜咽声。

看着这条可爱又可怜的小狗，盖蒂决定给它买点东西吃。他快步跑到最近的商店里买了几根火腿肠，剥开了皮扔在小狗面前。闻到了火腿肠的香味，小狗马上狼吞虎咽地吃起来，而盖蒂则继续朝自己家走去。过了一会儿，盖蒂发现小狗吃完东西后一直在后面跟着他。不论盖蒂怎么吓唬，小狗就是不肯走。盖蒂想：它一定是被主人抛弃了，也挺可怜的，于是决定自己把它带回家养。

回到家后，盖蒂的父母看到他带回来一条小狗，都很不高兴。

可是他们看到盖蒂很喜欢，便答应让他养着它。但是他们也提出了一个条件——小狗不可以跟他同睡一个房间。可是，有一天晚上，盖蒂还是偷偷地把吉甫带进了他们所住的旅馆房间，却被旅馆的服务员发现了。服务员把这件事告诉了盖蒂的父亲，结果，盖蒂的父亲把盖蒂叫了过去，狠狠地教训了一顿。

在日记里，盖蒂曾清楚地记述了这件事的后果："2月16日，爸爸用鞭子打了我一顿，因为他不让我把吉甫带进屋里，我说他是老顽固。还有，那讨厌的旅馆服务员，真应该让吉甫去咬他一口。"从那以后，吉甫再也没有进过盖蒂的房间，仅仅是待在房间外走廊的地毯上便很满足了，它似乎是知道盖蒂被父亲鞭打的原因了。

在对盖蒂的早期教育中，乔治比较关注对他的品德培养，以及盖蒂在学校里所受教育和训练的实际运用。他认为男孩子除了要品行端正外，还一定要有很强的动手能力。他认为盖蒂整天少言寡语的，担心盖蒂长大后没有男人的魄力，因此想让盖蒂学习一种有力量的运动，后来他选择了拳击。

而莎娜不同意，她更注意培养盖蒂文雅的一面：从餐桌上的礼仪，到启发和引导他在文化方面的兴趣。她认为孩子长大后可以做一位艺术家，到世界各地演出，都会受到别人的尊敬。她觉得应该给盖蒂找一名钢琴教师。

他们经过商量，最后决定让盖蒂两样都学。钢琴可以让他修身养性，拳击会让他变得身强体健。乔治想：在实际生活中，到处都充满着激烈的竞争，想要更好地生存，多学一样社会技能是很有必要的。

不仅如此，乔治和莎娜还相信努力工作很重要。在日常生活中，他们总是千方百计地要盖蒂产生这样一种认知：工作时一定要努力，金钱只有通过努力才能赚得来。

这方面，盖蒂也在日记里记录过："1904年6月16日：下午为爸爸清理书籍，赚得了三毛五分钱。"（这份工作并不像听起来那么简单。在父亲存放法律书籍的书架上，有好几百本沉重的、容易积灰尘的书。）"1904年12月15日：下午我帮妈妈去卖《星期六晚邮》杂志，穿过了两条街，挣了五毛钱。"

盖蒂后来的很多品格都是小时候养成的，这主要是受到了父母的影响。盖蒂的父母都是大学毕业，两人都比较知书达理，而且对孩子的教育很有一套。他们知道怎样在不过分溺爱和放纵之下，表达出自己对孩子的爱和照顾。就拿盖蒂在学校的成绩报告单来说，他们对成绩单的评语，不论是赞扬或批评都能够做出切合实际的评价。

提起上学，盖蒂的父母都比较头疼。盖蒂很聪明而且好奇心很强，可就是不喜欢在学校读书，乔治都不敢去学校访问，因为自己孩子的成绩很差，每次都会被老师点名批评。

3. 父亲的卡迪拉克

其实，不仅是学习成绩，盖蒂在学校各方面的表现都不太好。这种情形在他进入工艺高中之后，就更加明显了。

后来，因为盖蒂父亲工作调动的关系，他们家搬到了洛杉矶，盖蒂也转学到了附近的一家工艺高中就读。那个时候，学校里无论是对他功课的成绩，还是对他品行的评语都相当糟糕。这使他父亲觉得有必要在管教方面把螺丝拧紧一点，于是，就把他送进了哈佛军事学院日间部（这是当时位于洛杉矶的一所学校，和哈佛大学并没有什么关系）。

在乔治看来，那种严格的、集体化的军事环境，肯定会对盖蒂品德修养的养成有一定积极的影响。就是在那里，盖蒂认识了戈顿·克瑞利，即后来盖蒂的主要股票经纪人。他们两个在学校是同班同学，两人在军事学院时也是因为个性相投而走在一起的。

那时，戈顿和盖蒂都不喜欢把鞋子和扣子擦得很亮，还有军事学院里那些他们认为不合逻辑的事都遭到了他们的一致抗拒。两人在这样的情形下建立起了亲密的友谊，并且一直保持到戈顿去世。

当盖蒂完成学业，顺利从哈佛军事学院毕业后，他父亲决定带全家人到欧洲旅行三个月，并打算开车游遍欧洲的各个国家。于是，在一个凉风习习的黄昏，他们在纽约乘波罗的海号出发，向欧洲奔去。这时候，盖蒂的主要心思都放在了父亲那辆新买的卡迪拉克汽车上，这辆车就停放在波罗的海号的船舱里。

盖蒂一家的欧洲旅行计划进行得非常顺利。他们在英国像一般人一样观光，然后开着他们的卡迪拉克，继续前往欧洲大陆的其他国家，途中游览了法国、德国、荷兰和瑞士。其间一直是盖蒂的父亲开车，偶尔也会让盖蒂开一次，但多数时候父亲都不想让盖蒂开车，他认为盖蒂的年龄还有点小，开车并不安全。

三个月的旅行时光很快就过去了，他们一家人返回了美国。那辆卡迪拉克也和他们一同乘船回到纽约，然后由铁路运到洛杉矶。

从那个时候起，盖蒂就非常渴望拥有一辆属于自己的爱车，他多次向父亲提出自己想要一辆车的想法，可是父亲都没有同意。因此，盖蒂只得在白天父亲不用车子的时候，开着父亲的车子到处逛逛，过过瘾。

可是，盖蒂的父亲几乎每天上班都要开车，而且父母从来都不允许盖蒂晚上开车出去，这对他们来说是一件绝无可能通融的事。晚上开车不安全，盖蒂的父母生怕自己的孩子会出事。

而盖蒂和朋友们的很多约会都在晚上，他总想开车去。可自己又没车，所以只能偷偷地使用父亲的那辆卡迪拉克。于是，每当盖蒂在晚上想用车的时候，他就会等父母睡下以后，偷偷地溜进父亲的车库，把汽车推到刚好有点坡度的门口那段路上。然后，他爬上驾驶座，但开始并不启动车子，而是让车子自动向下滑一百多英尺。离家足够远后，他才会发动车子。这样，父亲就不会听到汽车引擎发动的声音。

约会结束后，盖蒂通常会在天亮之前回家。因为自己的父母每天都需要上班，他必须赶在父母起床之前，把车子开回车库里。当然，回家的时候也不能弄出太大的动静，以免让父母知道他晚上开车出去了。特别是父亲，自从盖蒂从军事学院回来以后，对他的管教更加严厉了。要是让父亲知道自己又不听话，少不了一顿教训。

于是，盖蒂每次晚上开车回来，一般都会在离家不太远的地方停车。自己先下车把车库门打开，然后再回到车上，重新发动汽车，开到一定的速度后，关掉汽车的引擎，让车子靠着惯性上坡，最后再静悄悄地滑进车房。当然，车里的油量和里程表的数字也都被盖蒂仔细调过了。

就这样，盖蒂在夜间用过好几次车，而他父亲都没有察觉。但盖蒂也并不是永远都有好运气的，他忽略了一点：当时，车胎的寿命只有3000英里。也就是说，走过3000英里的路程之后，车胎就要报废了。虽然盖蒂每次偷偷用车都把里程表调回来，但是车胎会随着车行程的增加而渐渐磨损。

终于有一天，盖蒂的父亲在偶然之间发现了自己那辆卡迪拉克的车胎已经磨损了，可汽车里程表里的数字却显示只跑了1000英里多一点。

盖蒂的父亲从来没发现过盖蒂偷偷地使用他的汽车，以为是车胎出了问题。"肯定是什么地方出错了，一定是这些车胎有问题！"盖蒂的父亲找到了卖车胎的人，对他们抱怨道："你们这是什么轮胎啊，刚刚跑了1000多英里的路程就出问题了。"可卖车胎的人在做了一番检查后，坚持说车胎并没有问题，并认为可能是钢圈的问题。后来，修车技工在仔细检查钢圈后，也说没有问题。这下可把盖蒂的父亲彻底给弄糊涂了。

盖蒂并不知道父亲去找卖轮胎的人理论这件事，就在第二天晚上，他还是用老办法，将父亲的车子开出去用。那天，他和朋友们带着各自的女朋友去了夜总会，出来的时候还买了一瓶红酒带着。可谁也没有想到，其中的一位女孩子把酒洒在了座套上面。盖蒂非常着急，他害怕父亲责怪，当然，更怕的是父亲发现自己晚上偷偷用他车子的事。然而，他怎么都没办法擦掉红酒的痕迹，只好默默地祈祷，希望父亲不会注意到红酒的痕迹。

接下来的一天时间，盖蒂一直都提心吊胆的。他总是在观察自己的父亲，看父亲有什么不一样的举动。但幸运的是，父亲一句话都没有说，也没有过于关注那辆卡迪拉克。盖蒂这才终于放下了悬着的心，想着父亲肯定是没有注意到酒迹，又或者是父亲会以为母亲不小心弄到上面的。

当天晚上，松了一口气的盖蒂又有新的约会。于是，和往常一样，他看着父母都进房间休息之后，便偷偷溜进车库，准备开车去赴约。但不幸的是，那辆卡迪拉克的轮子已经被链条紧紧地锁在了水泥地上。于是，盖蒂只好垂头丧气地取消了约会。

其实，盖蒂的父亲发现了车子的异样后，感觉有可能是盖蒂偷偷地使用了，他也知道盖蒂一直想开车。但他认为现在给儿子买车太早了，所以和盖蒂的母亲商量了一下，他们决定把那辆车子锁起来。

4. 自己组装汽车

在那之后好长一段时间，盖蒂都没有车开。特别是晚上，他的约会也因此少了很多。但是那份希望自己能够有一辆车的愿望，却变得越来越强烈了。盖蒂常常会想到底要怎样才能拥有一辆自己的车呢，可一直都没找到合适的解决办法。

有一天，盖蒂路过一家汽车修理店，他看到修理工在拆汽车，于是受到了启发，想到了一个好主意。他觉得，要是直接开口和父亲说，希望父亲给自己买辆车，那肯定是不可能的。但若是只买汽车的零件，自己拼装出一辆车来，那父亲一定会愿意出钱的。因为这不但显示了盖蒂很懂汽车，也说明他长大了。

于是第二天，盖蒂就找了一个机会和父亲谈了自己的想法。父亲也认为这个主意不错，觉得盖蒂可以从中学到一些有价值的东西。他同意了盖蒂的要求，并且表示愿意出钱为他买下组装汽车需要的所有零件。

父亲答应资助，对盖蒂来说绝对是一个好消息。说干就干，接下来的几天，盖蒂就忙活了起来。首先，他在一家修车场租了一片空地，然后根据自己平常的了解买来了引擎、散热器以及离合器和变速杆。零件差不多买齐后，就剩设计和组装汽车了。盖蒂打算自己独立完成车身的设计、打造和焊接底盘。干了一段时间后，他的热情越来越高涨，甚至于想自己做车轮。

当然，在做这一切之前，盖蒂也先向一些有经验的技工讨教过，并成功得地到了他们的帮助，他们教给了盖蒂许多汽车组装的细节。最后，盖蒂终于在一位老技工的协助下，按照自己的心意完成了汽车的组装，并给自己辛苦创造的汽车取名为"米兰诺广场"。

这是一辆重心很低、跑起来很快的双座位跑车。除了一般跑车的特点以外，盖蒂的这辆自制汽车还有一个特别的设计，那就是可以让车子像陀螺般在街上原地旋转。他只要挂二挡，并保持每小时12英里的速度，握紧方向盘，踩下制动踏板，车就会在原地打转，效果非常好，完全出乎盖蒂的意料。而父亲似乎要比盖蒂自己更高兴，他在看到盖蒂的车还可以原地旋转时，甚至隐约流露出了羡慕的神情。

当时，盖蒂的邻居迈克奈尔家有三个女儿，其中最大的女儿爱迪丝和盖蒂关系特别好，是他的女朋友。这个年长他几岁的女子曾经去过很多国家旅行，见多识广，总是能说出一些睿智的话。而且，她还会说法语和德语，这让盖蒂既羡慕又佩服。盖蒂经常去找爱迪丝玩，爱迪丝也很喜欢盖蒂，觉得盖蒂很有趣。

组装的车子完成后，盖蒂来到爱迪丝家，他想用自己的爱车载着心爱的女朋友爱迪丝去兜风。没想到她一上车就出了意外。爱迪丝刚刚坐好，盖蒂就兴高采烈地告诉她要抓紧一点，他要表演一下汽车原地旋转，想给她个惊喜。但不知怎么，爱迪丝并没有抓牢，一下子就被甩了出去。爱迪丝摔在地上打了几个滚，虽然她穿着很厚的羊皮大衣，但似乎没什么作用。盖蒂把她扶起来的时候，她告诉盖蒂，她摔得很疼。回家后才发现她的身上已经是青一块儿、紫一块儿的了。从那以后，爱迪丝的父母就不再让爱迪丝搭乘盖蒂的车子了。

直到1910年元旦，爱迪丝的父母才解除了这条禁令，同意爱迪丝和盖蒂一同开车外出游玩。这次，盖蒂又开着自己那辆跑车，带着爱迪丝一起去了洛杉矶东南方海边的威尼斯小镇，并在一家很受欢迎的酒店中度过了美妙的元旦时光。

在回家途中，盖蒂开得很快，因为他自认为对这条路非常熟悉，而且又都是笔直的大道。可他忘记了这条路的末端有一个急转弯，等盖蒂把车开到那里的时候，要转弯已经来不及了。于是，他慌忙地告诉爱迪丝抓稳坐好，自己则抓紧方向盘，继续向前冲。就这样，车子直接跳过了排水沟，最后落在一块刚刚耕种过的田里。

"啊，真难以想象，我们竟然跳过来了。"因为逃过这次大劫，盖蒂兴奋地大叫起来。但就在这时，车子的一只前轮由于颠得太厉害突然脱落了。车子发生倾斜，爱迪丝刚放松下来，还没反应过来发生了什么便摔了出去，躺在了泥泞的田地中，当然弄得一身都是泥土。

因为田地比较软，这次，爱迪丝并没有受一丁点儿的伤，只是盖蒂的车子摔断了车轴。盖蒂赶快把爱迪丝扶起来后，帮忙拍了拍她衣服上的泥土，但有些泥粘在了衣服上，怎么也拍不掉。后来，爱迪丝就决定这样回去，回家以后再洗。

盖蒂和爱迪丝留下车子，走到了路边上。几分钟后，两人遇到了同样在那家酒店度假的朋友，就搭他们的便车回去了。当盖蒂送爱迪丝到她家门口的时候，爱迪丝的父母看到女儿一副狼狈样，非常吃惊，狠狠地责备了盖蒂几句。从那以后，爱迪丝就受到绝对的禁止，绝对不准再和盖蒂一起出去，更不用说乘坐他开的车了。

尽管盖蒂开车出了点意外，但他父亲还是对这辆车赞不绝口，偶尔还希望能体验一下。而且，在之后相当长的一段时间内，盖蒂都开着自己组装的这辆车和朋友一起出去玩，漂亮、拉风的车型吸引了不少人的眼球，得知真相的人都对盖蒂组装车子的壮举赞叹不已。

5. 与石油结缘

虽然对汽车非常喜欢，但盖蒂并没有沉迷其中，他对许多新事物都很好奇。最后盖蒂能够与商业结缘，完全是受到了父亲的影响。他的父亲乔治工作非常努力，后来成了当地一位赫赫有名的律师。

1903年，乔治因为一件律师案件，来到了位于俄克拉荷马州的包特维尔市。该市归属于印第安人居住，石油矿藏非常丰富。乔治在这里顺利地办完自己手上的案件后，也迷上了石油事业，因为他发现此地的石油事业正飞速地发展着。

随后，乔治和几个合伙人组建了"明尼荷马石油公司"。当然，乔治是公司最大的股东，公司的主要控制权也掌握在他的手里。当时，印第安人还不知道石油的重要性，包特维尔的石油开采权也卖得非常便宜。他们公司仅仅花了500美元，就买下了印第安人位于奥色洛族地区1100亩土地的石油开采权，这一地区被他们称为"五十号地"。

似乎是有这么极少数的一类人，他们总能感觉到哪一块地下藏有石油，即便是石油深埋在地下几千公尺的地方。美国石油业成功人士巴恩斯德曾经说过："只要是我走过或者站过的地面之下藏有石油，无论藏多深，我都可以闻得出来。"还有另一位石油大亨莱曼·史德华，传言他在这方面也是天赋极高。而乔治似乎正是这极少数人中的一个，因为在整个"五十号地"钻凿的所有井中，只有一口空井，其它42口井都有石油。这可以证明，乔治在这方面确实是天赋惊人。

乔治在自己石油公司的第一口井成功开出石油之后，就把自己的妻子和孩子一起接到了包特维尔市来居住。虽然当时的盖蒂还只是个小孩子，但他却很着迷于自己父亲的石油公司开凿油井的情景。盖蒂记得第一次去父亲的油田，当时他们正在开凿第二口井，那壮观的景象，一下就把小盖蒂给迷住了。

那天晚上，盖蒂兴奋得一夜都没睡着觉。也就是从那时开始，他经常喜欢在油田里待着，一放学就跑到工地上玩。有时候，甚至还会旷课去看工人们开采石油。在盖蒂的小屋里，没有几本课本，更多的是关于石油的书籍。他还每天都在日记里记下自己看到的东西。不仅如此，他还学习了许多关于油田的专业用语、钻井设施以及探测油井的方法等等。

很快，盖蒂就开始对石油产生了浓厚的兴趣，但这兴趣并不是石油行业的利润所引起的，当时，他甚至都不知道石油可以用来卖钱。盖蒂感兴趣的只是钻探石油所带来的挑战，看着钻井工人从地下打出石油，他心里会有一种莫名的兴奋，这可能和男孩们都对机械有着很大的好奇心有关。

过了一段时间，盖蒂看到钻井工人在油田里又开出了一口新油井，他甚至都有一种跃跃欲试的感觉。当时，盖蒂已经学习了大量关于石油的知识，在他心里，只要是石油方面的东西，自己已经完全可以称得上见多识广了。

在盖蒂初中毕业的时候，父母决定全家到洛杉矶定居，因为父亲乔治认为在那里更有利于工作。乔治在洛杉矶的维尔夏和波士利特这两条路的交叉处买了一块地，新房子就建在了这里。然后，全家就搬到了洛杉矶。

那时，乔治的明尼苏达石油公司一直持续着对"五十号地"原来的油井进行开采。而乔治不仅忙着继续钻新油井，而且一直在购买一些新地方的石油开采权，因为"五十号地"的油井慢慢都采空了。而乔治很善于发掘新石油，他买的这些新油田都开采得很成功。公司的石油产量也一直在增加，并持续向前发展着。

上高中的时候，盖蒂向父亲请求，自己暑假的时候想去父亲的油田工作。他最迷恋的就是油田，所以暑假只想待在油田里。父亲答应了他，但同时也提出了一个条件，那就是他必须从最底层开始干起。这也就是告诉盖蒂，他开始只能以工人的身份留在油田，要在钻井工地干最重、最脏的活儿，条件里还详细地规定了他的工资、工作时间以及吃住条件，而这些也都和当时的工人是一样的。

虽然那时候盖蒂还不到16岁，并且他父母拥有明尼荷马石油公司72%的股权，但是他并没有因为自己是老板的儿子而得到任何的优待。盖蒂接受了父亲提出的所有条件，他早就做好了吃苦的准备，否则也绝不会提出去工地工作的要求的。就这样，盖蒂来到了父亲的工地上，当起了石油工人。

在这之前，盖蒂可是备受父母的关爱，一直以富家子弟的身份过着衣食无忧的生活，几乎没干过活儿，也没吃过苦。而现在盖蒂不仅每天都要和油田的工人们一起吃、一起住，还要和他们一起干着又脏又累的重活。

为了能让自己适应这种生活，盖蒂从工作中找到了一些自己的乐趣。他很喜欢和工人们一起聊天，虽然他们说话有些粗鲁和庸俗，但从来不做作也很有热情。慢慢地，工人们也都接受了盖蒂，因为他没有少爷脾气，也总是很虚心地向他们学习，还很幽默。他们总是会尽量给盖蒂提供一些帮助，让他能更好地适应这里。

所以，盖蒂只用了很短的时间就适应了工地的生活，这也让他父亲感到非常欣慰。不到16岁的盖蒂，长得又高又壮，他有着1.8米的身高和72公斤的体重，并且身体十分健康。来工地一个月后，他就可以毫无压力地去做那些异常劳累的工人工作。工地上的钻井工人对他的称呼也从"喂！你"改成了"红头"或"保罗"，这一小小的变化意味着工人们已经完全接受盖蒂是他们的一份子了。

油田工人的生活其实是非常艰苦的，但盖蒂不想让工人们小瞧了他，更不想让父亲失望。所以他表现得很坚强，就是手受伤了也没休息过。

6. 在钻井工地上

有一些工友们很喜欢和盖蒂开玩笑，问他："红头，你怎么不回家吃饭啊，家里的饭不好吃吗？"盖蒂咧嘴笑着回道："我家的饭吃了只能长肥肉，咱们这里的饭吃了可以长力气。"和工人们在一起的时间长了，他也有些油腔滑调。"那你以后别回去了，在这里做我们的红头老板吧。"有个工友说。"好啊！以后我要自己开了油田，就把你们都请过去。"盖蒂爽快地回答道。

到了发工资的日子，工人们一般都会举行一些狂欢会。几乎所有的工人都会参加，他们聚到一起边吃边聊，有时候也会搞一些小比赛。而最引人注目的，就是喝啤酒大赛了。他们把一桶桶的啤酒放在桌子上，有人喝、有人计数。

看到工人们开心地玩闹着，盖蒂也想加入到比赛中，可是他从来没喝过酒。而且以前看到父母因为喝酒吵架的事，心里对酒有一些芥蒂。所以他只是静静地坐在旁边帮忙计数，或是帮工人们抱几桶酒上来。其实他也想去喝一点，曾经有朋友告诉他，喝酒是最好的放松方法，脑袋晕晕的，很刺激。

一个工友来到盖蒂面前，端着酒对他说："怎么不一起去喝酒啊，红头？我记得你很喜欢参加各种比赛啊。""我没喝过酒，而且老爸也不让喝。"盖蒂喏喏地说。"怕什么，你又不是一个小孩子了，不用全都听你爸的。来！我看看你能喝多少。"工友拉着他参加了喝酒大赛。虽然很勉强，盖蒂还是参加了比赛。

毕竟这种比赛对盖蒂来说还是很有诱惑力的。他很想知道酒里面到底有什么，让男人们都那么喜欢。盖蒂参赛引来了很多狂热的观众，他们都来为这个大男孩加油助威。喝了几杯以后，盖蒂觉得头脑发胀发晕。可为了能够赢得比赛，他还是一杯接一杯地喝下去。喝了六七杯以后他感到有些难受，想站起来走走。可刚一站起来，胃里突然一阵翻滚，他趴在椅子上吐了起来。裁判宣布：盖蒂喝醉出局了。

于是有几个人马上扶着盖蒂，摇摇晃晃地走出了场外。盖蒂这时又回头看了一眼那些还在比赛的人，有些遗憾地摇了摇头。自己的酒量确实不行，有几个工人喝啤酒就跟喝凉水一样，完全没事。其实盖蒂没有发现，他的表现已经赢得了工人们的欣赏了。

盖蒂在加州上高中的三年里，每年的暑假都会来到"五十号地"工作。他工作既认真又努力，也渐渐从最底层的工作中来，由一个劳动工人变成了一个技术工人。他父亲非常高兴，没想到自己的孩子这么能吃苦。

在这期间，盖蒂还学习了工具手的技艺。他了解到，一般是一名钻井手和一名工具手组成一个钻井小组。其中工具手的任务比较多，也比较难，主要是协助钻井手，让钻井手所使用的所有工具都一直处于最佳的状态。

工具手最主要的责任是对钻井钻子的磨尖与再锻炼，这就要求工具手是一名精湛的技师。因为工具手在维护工具时的工作质量会直接影响钻井钻子的质量，一个不合格的钻头甚至有可能毁了一口井。

盖蒂下定决心，要好好学习这门工艺，为此他特意去求教一位资深的工具手，这位工具手的名字叫格瑞。格瑞的性格非常开朗，但对待徒弟却是非常严厉和挑剔，因为他深知这项工作的重要性。看不上的人，他从来不教。

有一天，盖蒂在工地见到了格瑞，告诉他自己想要成为一个工具手，想跟着他学习。格瑞看看这个长得白白净净的男孩子，毫不客气地说："你干不了这个，回去吧。"而盖蒂坚决要学。最后他经不住盖蒂的一再要求，扔给了盖蒂一块石头："你要是有耐心把这块石头磨圆，我可以考虑教你。"

原本以为盖蒂会放弃，可几天后盖蒂又来找他，这次盖蒂手中拿着一个圆滚滚的石球，格瑞笑着对他说："好样的，孩子！你一定会成为一个最优秀的工具手。"于是盖蒂开始跟着格瑞学习工具手需要的各种技术。

格瑞把自己所知道的知识都教给了盖蒂，不仅是关于工具的配给和维护，还包含了油井作业时各个阶段的着重点。他在这方面的知识可以说是非常渊博，有着"油田里的百科全书"之称。当他认为盖蒂这名工具手达到合格的标准时，也就说明了盖蒂在这方面确实已经达到了一定的水平。

通过自己的努力和格瑞的指点，盖蒂很快就成了工地上一名顶尖的工具手，他从格瑞手下毕业了。

　　长大以后，盖蒂每次提起这段时光，都会很欣慰。他说在那几个暑假里，自己学到了很多的东西，也养成了许多好习惯。在真正踏入石油界以后，这些经历对他的帮助非常大。也是从那时候开始，他知道了和工人们一起工作的重要性。

　　高中毕业后，盖蒂就很少再来"五十号地"了，他要开始到外地去读大学了。

第二章　年轻的百万富翁

1. 如愿进入牛津大学

盖蒂曾经先后上过洛杉矶的南加州大学和柏克莱的加州大学。在大学里，盖蒂不仅仅学习上非常努力，在品行上的表现也很好，甚至得到了学校的表扬。但他却总觉得失望、无聊，感觉自己并没有在学校里学到什么。

这其实是那个时代美国教育制度普遍的缺陷，尤其是在加利福尼亚州。当时，学校对待大学学生的态度与教学方式和对待孩子没什么两样：上下课都要点名检查，缺席和迟到都要扣分，需要在学校里吃饭和住宿。甚至连学生在校外的行动和活动，都会受到严格控制。更重要的是，学校里设置的学科不全，盖蒂并没有接触到自己最想研究的经济和政治学。

后来，盖蒂找了一个合适的时机向父母说明了他的想法。盖蒂告诉父母，他想要去英国的牛津大学读书，自己真正需要的那种品质的教育，估计只有在牛津大学才能得到。盖蒂的父母经过认真考虑，认为他说得有一定的道理。而且，盖蒂的父亲觉得孩子在国外待一段时间，在各方面都会很有好处，于是便答应了盖蒂的请求。

做出这个决定让盖蒂感到轻松了很多。同时，他还向父亲提出了另外一个请求，那就是在上学之前，想先到亚洲游历一番，这个请求父亲也答应了。于是，接下来的两个月，盖蒂在中国和日本度过了一个美好的假期，并做好了前往英国的计划。

和父母告别后，盖蒂来到了英国牛津大学。这里果然没有让盖蒂失望，牛津大学和他想象的没什么差别，有着完全的学术自由，学生可以学到在别的地方难以学到的道理和知识。更让人兴奋的是，牛津完全没有填鸭式教育的影子，那里的学生不是被告知要想什么做什么，而是在导师的引导下，主动学习如何运用自己的头脑去学自己想得到的东西。

　　不仅如此，牛津的社交生活也很健康，势利眼行为是被大家普遍轻视的。大家不会因为谁家有钱或有势力就去讨好他，有钱有势的人也都没有高傲架子。而且，各个肤色和种族的人都相处得很融洽。虽然盖蒂对英国人及其风俗习惯和规矩都不太了解，可同学们并没有因此而疏远他。盖蒂很高兴，很快就成为了这个大家庭的一员。

　　也就是在那里，经人引荐，盖蒂认识了当时也正在牛津读书的英国威尔斯王子殿下，两人一见如故。从那以后，他们便互称"大卫"和"保罗"，经常在午餐、晚餐以及各种社交场合见面。在接下来几乎半个世纪的岁月里，他们都维系着很亲密的友谊。

　　盖蒂很喜欢社交，在牛津认识了许多朋友。几乎学校里的各种活动盖蒂都参加，他和这些朋友们充分享受着牛津愉快的社交生活。他们常常一起在伦敦逛戏院、参加晚餐会、舞会等等，也常常受邀到同学家里去。大部分英国同学的家盖蒂都去过。

　　对盖蒂来说，牛津不仅是个平等的社交平台，更是一个读书和进行研究的好地方。这里的学科非常全，盖蒂开始学习经济学和政治学。而且，牛津大学把学生当作是成熟的、知道负责任的人，而不是不可信任、需要严加管束的青少年。他们从来不会强求学生们怎么做，只会在学生需要的时候告诉学生可以怎么做。

牛津普遍奉行的哲学是：如果谁想要得到什么样的教育，他就要自己想办法得到，而不是经过训诫和监督，强制性地灌输。盖蒂当时的导师也仅仅对他应当听哪些课程，提供了一些建议，去不去则由他自己决定。这使盖蒂大吃一惊，并打心眼儿里感到欣慰，他终于找到了一个充满自由学术氛围的地方。

当时，盖蒂见到的第一个导师这样告诉他们："如果你们谁觉得自己聪明得不需要听一堂课就能通过考试，那也可以不用来！"但接下来，他又冷冷地加了一句："可我告诉你们，这还从来没有人能办得到。"在这里，虽然怎样读书并没有受到限制，但学生们同时也要承担读书成功或者失败的后果。因此，真心想要读书的学生，很快就能够摸索出最适合自己的读书方式。盖蒂也是如此，这也是他一生难得的无价之宝。

除了读书之外，牛津大学的运动也是一样自由。学校里从来不会制定制度强迫学生参加自己不喜欢的运动。所有人都可以根据自己的爱好自由选择，充分享受运动带来的乐趣。这一点也让盖蒂感觉很欣喜，他选择了自己喜欢的游泳、拳击和举重，并一直积极参与其中。牛津的教育就是这样，没有人在后面鞭策你、压迫你，全凭自觉。盖蒂的自制力很强，所以他在牛津大学里学到了所有自己喜爱的东西。

在牛津大学学习一年后，盖蒂对经济和政治的兴趣也更加浓厚了，甚至到了入迷的程度，因为他在学校里接触到了全世界最广泛的、也是最有见解的观点。经过融会贯通，盖蒂对经济和政治也有了自己的认识和观点。就这样，盖蒂在牛津大学孜孜不倦地汲取着他自己觉得需要的知识和技能，而且，这段经历对盖蒂的一生产生了不可磨灭的影响。

1913年，盖蒂顺利地从牛津大学毕业，并获得了政治学和经济学方面的毕业证书。当时，他对商业的态度是不屑一顾的，他立志要在文学方面有所建树，或者是进入美国外交部并在外交方面取得一些瞩目的成就。

2. 不惧困苦的年轻人

在盖蒂即将完成学业的时候，盖蒂的父亲想知道他毕业后会从事哪一个行业，于是就这个问题询问了盖蒂。由于盖蒂在大学一直读的是政治学，其间又旅行过世界上许多国家和地区，这些都令他越来越倾心于外交了，盖蒂便如实地回答了父亲。在听完了盖蒂的想法后，父亲给他提出了一个自己感觉比较合理的建议。

盖蒂的父亲先是告诉盖蒂，自己已经快60岁了，而他是家里唯一的孩子。现在自己手中拥有着一项价值几百万美元的石油事业，盖蒂的父亲希望自己所经营的石油事业能够成为他们家的家族事业。接着，父亲对盖蒂说："你才21岁，在进入外交界之前，不妨抽出一年的时间先去尝试做一些别的事情。"这时候，盖蒂问父亲："抽出这一年的时间去做些什么事呢？"父亲想了一下回道："去试试做一名独立的石油勘探者吧！一年之后，如果你在这方面做得不好抑或是你发现自己真的不喜欢做，那么，到时候你再去做外交官也不迟。"

盖蒂仔细地琢磨了一会儿，父亲说的话确实很有道理。自己现在确实还很年轻，而且又很喜欢勘探石油，于是盖蒂就决定按照父亲的建议去试一试。盖蒂的父亲还告诉他："你根据自己对石油知识的掌握，如果找到了感觉地下藏有石油的地方，那么你就把那块地方的石油开采权以尽量低的价格谈下来。之后，由我来提供资金去购买那块地以及钻探石油需要的所有设备。假如油田开始产生利润，那么利润的七成归我，三成归你。"盖蒂答应了这些条件，随后就开始了石油勘探的工作。

盖蒂加入石油业的时机非常好，因为这时的美国石油业正处于全盛时期，而且欧洲又正经历着第一次世界大战，战争中的各个国家都需要大量的石油资源，这更加刺激了石油业的发展。于是在所有的油田里充满了情绪高亢的石油开采者，他们都带着希望和热情义无反顾地投身到这场发掘石油的热潮之中。

这种情况简直就和1849年的美国加州掘金热一模一样，所有人都对石油着了魔，每天都有很多人发财，也有很多人破产。一个山穷水尽的钻井人，或许会因为自己又坚持向下挖了几英尺而挖出油矿，瞬间暴富的事也时有发生。也有些人把自己所有的资产全部投入到自己发现的油田中，结果换来的只是地上的几口空井。

这项工作和赌博有些类似：当你买下一块油田后，如果在下面挖到了石油，那么这块地的价值就会瞬间上升成千上万倍；而如果在下面没有挖到石油，那这块地就会一文都不值。赌注虽然有些高，但回报也更高。

当时大多数的油田都集中在了俄克拉荷马州，于是众多勘探者都赶到了那里。随着大量人员和资源的涌入，俄克拉荷马州的许多小村庄也都迅速地发展成了一个个很热闹的小镇。

根据当时的状况，盖蒂也决定到俄克拉荷马州寻找自己的油田。盖蒂到达那里之后，首先在吐桑的柯杜瓦旅馆租了一间很普通的小房子，然后在旅馆附近的一家食品店包伙。这里和盖蒂搭伙的许多人也都是石油勘探者，但是他们和盖蒂不太一样，他们中的绝大多数并没有盖蒂家那样富裕，而是期望着可以勘测出石油来发得一些财。在吃住定好之后，盖蒂便决定开始自己的勘探石油之旅。

由于那里的许多街道还没有铺设柏油，一到下雨或者化雪的时候，道路就会变得泥泞不堪；而天气好的时候，那些泥土会被晒干，在地面上形成很厚的一层沙土，只要一刮风，就会有漫天的尘土飘扬。并且这些路上都有很深的车辙，路况非常差。

盖蒂每天都开着一辆很旧的福特T型车到附近的各个地点去勘察。福特T型车虽然看上去十分丑陋，开着也不舒服，但是可以很轻松地行驶在俄克拉荷马州那些比较坎坷的小道上。这是除了马拉的车以外唯一能够在这些小道上畅行的车子，所以福特T型车是当时石油勘探者们的首选交通工具。

在之后的几个月里，特别是盖蒂所在的附近区域，石油开采权的价格一直在飞速地上涨，因为那里已经连续有好几个人勘测到了大量的石油。但是盖蒂却始终没有任何发现，幸运之神似乎一直不愿意降临到他身上，可他并没有放弃，这也要感谢那些经验丰富的石油勘探家们给他的支持和鼓励。其中，要数麦克费林对盖蒂的影响最为深远。

当时，麦克费林已经身家百万，而且拥有着麦克曼石油公司的一部分所有权，在石油界是一位极其成功的人士。他十分愿意结交盖蒂这位年轻朋友，而盖蒂这段时间以来的毫无所获也已经令他准备放弃这项事业了。麦克费林发现了盖蒂日渐低落的情绪后，就一直激励着盖蒂，并把自己长久以来积累的经验都细细地教给了盖蒂。这些东西对盖蒂来说是无价的，它为形成盖蒂以后的商业观奠定了良好的基础，麦克费林就是盖蒂最重要的导师。

3. 自己的第一块油田

慢慢地，一年的时间过去了，盖蒂依然还是没有什么起色。但很快他听说了这么一个消息，一块名为"南西泰勒份地"的石油开采权要进行公开拍卖。盖蒂迅速去了穆期科几郡对那块土地进行了仔细的勘察，最后他确定那里应该蕴藏着丰富的石油。但这时有好几个人也盯上了那块地，其中还不乏有着充足资金的人。而盖蒂父亲给盖蒂规定的购买石油开采权的最高价格却是很低的。这时候有好多人认为那块地开采权的拍卖价格将会超过15000美元，这就意味着盖蒂甚至连参加竞标的资格都没有。

但是连续一年多的毫无所获令盖蒂非常想要得到一块油田。当时盖蒂就想，要是没有人竞价就好了，后来盖蒂的这个想法竟然真的实现了，而盖蒂以极低的价格竞得了那块油田。

这当然是有原因的，盖蒂事先就针对这个想法想出了一个很特别的主意，那就是请一位当地比较显要的人物来代替自己喊价，这样其他的竞标人员就会认为他们都不可能赢，那就有放弃竞拍的可能，盖蒂认为自己的这个想法很值得一试。

于是盖蒂找了一位朋友来拍卖会帮自己出价，这位朋友是一家银行的副总经理。而后事情的发展令盖蒂兴奋不已，因为他的计谋得逞了。在拍卖场里，当大家看到这位银行家后，都认为他应该是代表了某个大的石油公司，和他竞价的话肯定赢不了。结果在竞拍"南西泰勒份地"的石油开采权时，几乎没有人和这位银行家竞价，最后盖蒂就以500美元的超低价格获得了那块土地的石油开采权。

1916年1月初，盖蒂先是探测了一下这块地下石油的整体分布情况，随后他把钻井的位置定在了一个名为石壁的小村子旁边，盖蒂终于开始试钻自己发掘的第一口油井了。

盖蒂召集了一些精干的钻井工人，并且自己也加入到了钻井队开始钻井作业。但是随着钻井时间一天天增加，盖蒂内心的焦躁与不安也在慢慢加剧。当时的盖蒂还不够成熟，到了钻井的后期，盖蒂感觉自己已经无法承受内心的紧张情绪，这甚至开始影响到他的正常工作了。

盖蒂原本是一个优秀的工具手，然而此刻竟然显得有些笨手笨脚的。此时的盖蒂已经完全无法辅助钻井工人了。于是盖蒂决定自己先离开油田，到村子附近的一个小城土耳萨里等待消息，并且他打算一直在土耳萨城里待到自己油田的钻井工作结束。因为不在油田工地上的话，盖蒂的紧张情绪会舒缓很多。而盖蒂在土耳萨城的一位好朋友史密斯，在听说了盖蒂的情况后，就代替盖蒂到他的工地上去帮忙。

在2月初的一天，钻井工人发现在构桶（清理钻井石屑的设备）清理的石屑中含有一些油砂，这也就意味着，一天之后就能够清楚地知道这块油田到底能不能产出石油。当盖蒂接到这个消息后就彻底静不下心来了，但他的油田所在地很是荒凉，他在土耳萨城和自己的油田唯一的联系就是靠着石壁村里的那部电话，而那部电话有时还打不通。幸好他那位好朋友史密斯告诉他，明天他会坐最后一班火车回来告诉盖蒂油田的具体情况。

第二天，盖蒂早早地来到了车站，这时候距离最后一班火车的预定进站时间还有好几个小时，盖蒂已经迫不及待地在月台上来回踱步。经过一段漫长的等待，史密斯的火车终于到站了，紧接着盖蒂就看到了神采飞扬的史密斯，顿时，盖蒂也如释重负，因为他知道自己成功了。

史密斯下车后兴奋地对盖蒂说："盖蒂，恭喜你，油田钻出了石油！在我们下午完工时，已经生产出了30桶油。"听到这里，盖蒂略微有点失望，他向史密斯问道："一天才产出30桶油吗？"要是这样的话，和别人那日产好几千桶石油的油田比起来，可真是微不足道啊！"不是一天，是一小时30桶油。"史密斯笑着回答。这下，盖蒂才真正开心起来。因为自己的第一个油田现在可以说是成功地产出了石油。

其实在那个年代，每桶原油的价格只有2角5分钱（有时候会更低）。盖蒂他们每天能钻出700桶原油，也就是大约可获得175美元的收入。显然这些钱只够每天钻井作业的一部分支出，但盖蒂还是很高兴，因为他已经找到了属于自己的宝藏——石油。盖蒂说："那是一种打败大自然后所得到的胜利感，那种感觉会随着石油源源不断地被钻出而持续存在着。"

两周之后，盖蒂把油田卖给了一家专业的炼油公司，而他也因此挣得了一万两千美元。虽然盖蒂赚的钱不是很多，但是这一年来的工作让他相信自己应该留在石油这一行业。这个选择也成就了他终身的辉煌事业。

盖蒂在出来勘探石油之前就曾和父亲有过一个约定：盖蒂的父亲负责出钱资助盖蒂勘探和钻井，而盖蒂则主要负责油田的勘察以及油井的运作。公司所得利润的70%归盖蒂父亲，另外的30%归盖蒂。盖蒂钻出第一口油井后，这个约定就开始生效了。

1916年2月，盖蒂和父亲合作成立了自己的石油公司——盖蒂石油公司。公司股份的30%归盖蒂所有。

4. 崛起的盖蒂石油公司

公司成立之后，盖蒂立刻以近乎疯狂的热情投入到自己的工作中。他到俄克拉荷马州的各个地点不停地做着勘探石油和指挥钻井的工作。其实，工作一开始，盖蒂就钻到了一个空井，但是，这一点也没有影响到盖蒂的情绪。在这段时间，盖蒂也一直进行着许多油田的买进或卖出，盖蒂这个时候的运气奇好，因为当他把油田卖出时总是会稳稳地赚一笔钱，还有在盖蒂指挥下钻出的那些井，大多数也都能产出石油。

这些成功是和盖蒂的热情与努力分不开的，很多时候，盖蒂都要自己担任地质学家、爆破专家、钻井监督，有时甚至是搬运工人。但盖蒂从来都没有抱怨过，反而是怀着更高的热忱去做所有的事情。

盖蒂和其他石油勘探人员的想法和做法都很相似，但是盖蒂有一点看法比较特别，那就是关于地质学方面的。在当时，石油行业中的大多数人都不了解、也不关注地质学，而很多石油商人更不相信那些在温室中长大的"读书人"能够帮自己找到石油，他们认为地质学只是一门简单的应用科学而已，对地质学的认识也都是只有个笼统的概念。只有少数人愿意相信地质学对寻找石油有很大的帮助，盖蒂就属于这类人。

盖蒂认为，一个合格的石油勘探者对许多基本知识都应该有一定程度的了解。所以盖蒂会经常关注一些地质学的新报道，而且闲暇时间也尽量学习一些地质学的新知识，并尝试着把这些新知识运用到工作中。

一名成功的石油勘探者，首先自己要拥有广博的专业知识和过硬的技术，其次要有一群具有丰富经验的钻井工人踏实地跟着你。此外，盖蒂还认为石油勘探者能不能找得到石油的一个最重要因素就是这名勘探者的运气。

当然，也有一些人并不这么看，例如俄克拉荷马州的石油大亨巴斯德尔，他坚定地认为，寻找石油靠的不仅是运气，在他看来，那更需要一种天赋。巴斯德尔曾经这样说过："我找得到石油，是因为我有一个敏锐的鼻子，无论石油埋在地下多深的地方，只要有石油，我就闻得到。"

但盖蒂对巴斯德尔的这种看法深表怀疑，他说自己站在任何一个还没钻井的油田上都没有嗅到过石油，更不用说自己靠着灵敏的嗅觉去寻找那些有石油的油田了。盖蒂一直认为，自己年轻时能够成功地发掘大量的石油，那是自己运气好。

石油的勘探，虽然运气占很重要的一部分，可这并不意味着石油勘探者只是坐享其成而不用去劳动。石油业一直都是一项工作异常艰苦的事业，这项事业需要的不仅仅是人们每天辛苦地去工作，而且时时刻刻都会面临一些危险。有时候一个不慎，油井就有可能发生爆炸，因为里面全是石油，甚至不需要火星，通风不畅都容易导致爆炸的发生。由于当时的地质学并不成熟，再加上设备偶尔出点问题，油井塌陷也会时常发生。

作为一个石油商，除了要考虑这些容易带来人身伤害的事故以外，这些事故所带来的财务上的压力也是一个让人极其头疼的问题，特别是在事业刚起步的日子里，油井爆炸就会引起火灾，需要去灭火；油井塌陷需要重新钻凿；装备失灵需要修理……而这些都会消耗大量的人力物力，还有购买土地租借权和开采权以及钻出空井等等，这成百上千种的挫折和问题常常会把一个石油勘探者的精力与财力全部耗尽，从而把他的事业扼杀在摇篮里。

作为一个独立的石油公司，盖蒂感受到外界其他石油公司的压力也是非常大的。许多时候，盖蒂需要和一些大石油公司进行竞争与对抗，而这些大石油公司也常常会不遵守一般的市场规则。当他们决心要摧垮一位事业蒸蒸日上的石油商时，无论是在经济上还是在法律上，他们都会用一些不为人知的手段。

独立的石油商要想在石油行业中站稳脚跟，不仅仅是要顶得住同行业的竞争与压力，还要学会适应社会中的一切变化，面对所有的事情要做到能屈能伸，随机应变。这样才有可能在这个竞争激烈的行业中占得一席之地。

身为一个独立的石油商人，盖蒂非常清楚，自己现在的石油公司和那些大公司还不能比。大的石油公司通常会花大价钱聘请一些专家和顾问，然后给他们提供极其优越的工作环境。而盖蒂则只能每天从自己油田里一些精明强干的钻井工人中寻找自己的专家。遇到了问题，也只能依靠着自己的经验去判断和解决。

当时，盖蒂把自己公司的管理和公文处理都减到了最低的限度，平时他们都在一辆破旧不堪的汽车上办公。这样不仅可以节省大量的资金，而且行动也比较方便，车子可以跟着他们到任意一个油田里去办公。

由于盖蒂和工人们不断地打出新油井，盖蒂的石油公司发展得越来越顺利，盖蒂也成了公司的主要董事之一。后来盖蒂还被选为了公司的总裁，但盖蒂的工作情况并没有什么改变，依然每天穿着钻井服装勘探油田和钻油井。盖蒂所担任的公司业务也和以前一样，主要负责买卖油田的开采权。

盖蒂拥有盖蒂石油公司30%的股权，随着公司的财产迅速地增加，盖蒂的财富也飞速地累积起来。但是，盖蒂一直太忙了，他每天都狂热地投身于工作中，完全没有注意自己已经赚了多少钱，就这样大概过了一年的时间。

有一天，盖蒂忽然发现，自己已经按照以前制定的计划走了很长一段时间，于是他停下来，仔细算了一下自己当时的财务状况。这时，盖蒂才惊讶地发现，自己已经赚了上百万美元。现在的盖蒂还不到24岁，却已经成了一名成功的石油商人。

5. 失败的参军历程

盖蒂成为百万富翁后，认为自己已经赚够了自己以后生存所需的资产，因此不想再工作了。在盖蒂心中，生活的目的就是要能够成功地建立一项事业，现在他已经成功了。所以盖蒂告诉自己的父母，自己从此以后不会再去工作了。

盖蒂的父母都不支持盖蒂的这个决定，他们两个人都认为，人只有一直工作着，存在才有一定的意义。随后盖蒂的父亲又费尽心思让盖蒂明白，商人的钱是作为再投资的资本而使用的。盖蒂的父亲建议盖蒂，可以用他自己现在所拥有的资金，去创立一份完全属于自己的更强更大的事业。这样盖蒂的财富也可以为很多人提供工作的机会，让他的财富产生更多的财富，而且也会让很多人以及盖蒂自己的生活变得更完美。

然而这一次，盖蒂并没有接受父亲的建议。他受到了欧洲战争的影响，决定要去参军，这也是盖蒂一直想要去做的事情。

在1916年的夏天，第一次世界大战已经在欧洲持续打了两年多。大部分美国人并不是太在乎这场战争，因为他们都感觉那是发生在欧洲的事，和自己关系不大。但是盖蒂不这么认为。早年盖蒂在欧洲旅行时认识的很多朋友都已经加入了这场战争，而且还有一些人已经在前线战死了。这让盖蒂感觉战争距离自己已经很近了，战火蔓延的地方越来越广，盖蒂认为美国参与到战争中去只是迟早的问题，于是盖蒂开始为自己参加战争做准备了。盖蒂向部队递交了服役的正式申请书，假如美国开始参与战争，那么他请求加入到空军。

盖蒂之所以想加入到空军是因为他很早就喜欢上了飞行。他在去洛杉矶上大学之前，曾经在哈佛军事学院里接受过一段时间的军训。虽然在那里接受的军事训练并没有给盖蒂留下很深的印象，但是盖蒂在那迷上了飞机。盖蒂偶尔听到一些教官们谈论，在以后的战争中，飞机将会扮演越来越重要的角色。而在1916年，欧洲战场战况的变化印证了他们的观点。

盖蒂曾经乘坐过飞机，而且还极其热衷于飞行。盖蒂认为，既然他现在不再工作了，那也就是没有担负着什么责任，自己可以去做任何自己真正想做的事情，于是盖蒂就决定去部队参加飞行员的训练。

盖蒂赶到了当时还隶属于美国陆军的"航空勤务部队"，向他们提交了自己要接受飞行员训练的书面申请，没过多久，他就得到了回信答复，他的申请已经获得了批准。但是，回信的背面又提到，由于飞行员的训练设施并不齐全，而且也没有充足的飞机供他们试飞，所以盖蒂需要在家里等待，直到部队把这些资源都配备整齐，他们才能过去接受训练。

半年之后，美国也参与到了第一次世界大战中。那时候盖蒂因为希望接受飞行员训练这件事，已经和美国陆军之间形成了一种良好的笔友关系。他和官方的通信变得非常频繁，经过一段时间的交流，盖蒂得知：所有申请飞行员训练的人，在航空勤务部队召集他们接受训练之前，都只能耐心等待着。他们既不能加入别的兵种，也不能接受新的征兵命令，因为他们已经被划分到飞行员行列。

在此期间，盖蒂一直待在南加州，在等待接受召集的过程中，他也充分享受了自己的休闲时光。

南加州可以说是一个理想的休闲胜地，那里全年气候宜人，有着宽广的海滩、幽深的森林、浩瀚的沙漠，更重要的是，当时那里的人还比较少。

其实，自从盖蒂小时候和父母定居到加利福尼亚州的洛杉矶，他很快就爱上了南加州那种轻松欢乐的生活氛围。而且他的小学和中学也是在那里度过的，这让他对那里有着一种特殊的情感。所以，盖蒂就选择了南加州作为自己休闲的地方。

盖蒂买了一辆宽敞漂亮的卡迪拉克轿车，把自己的全身仔细地装扮了一番，又开始每天出入各种娱乐场所。那时，南加州已经拥有夜间俱乐部了，整体的社会氛围也是十分轻松平和。而盖蒂认为南加州最好的一点，就是有很多年轻漂亮的女子，并且她们中的大多数人都尚未结婚。在接下来的一年多时间里，这位年轻的百万富翁一直都过着这种纸醉金迷的奢侈生活。

直到1919年，在战争结束了几个月以后，突然有一天，盖蒂收到了一封来自官方的信件，信件是由美国作战部签发的。信的大致意思是对像盖蒂这样申请飞行员训练的人进行了高度的赞扬，说他们都拥有崇高的爱国精神，但因为军用物资的缺乏，他们没有能够参加训练，作战部也表示了一定的歉意。

后来盖蒂才知道，作战部对外发出了几千封这样的信件，原来他并不是唯一一个等了一年多却只等来一封安慰信的人，这也让他感觉舒服了很多。其实，比起他们这些飞行员申请人，部队里其他一些兵种的待遇可是差得多了。

　　盖蒂有一个表弟被征到炮兵部队做了一名炮手。美国参战后，他就跟随部队来到了法国的一个战场，在西线一直打了好几个月仗。回国后，却没收到部队寄来的任何感谢信。当他看到了作战部给盖蒂签发的那封信时，他毫不客气地讽刺道："你是不是应该把这封信仔细地装裱一下，然后挂在你家正堂？"

6. 重返石油业

　　在这一年，美国石油商们的注意力都从俄克拉荷马州转移到了南加州。在南加州，越来越多的油田被发掘出来，一排排的油井铁架拔地而起。看到这个景象，盖蒂内心对石油的狂热又重新燃烧起来。

　　其实在这之前，盖蒂早就已经过够了每天无所事事的玩乐生活，那种生活让他感觉自己一直在浪费生命。而现在，南加州石油业的迅速崛起，也令他内心的激情再次被激发出来。于是盖蒂去见了自己的父亲，告诉他，自己想要重新回到石油业里来。盖蒂的父亲听了之后非常高兴，因为自己的儿子终于醒悟了，既然盖蒂准备脱离那种糟糕的生活状态，转而去干一番新的事业，自己肯定十分支持他。

　　盖蒂在回到石油业后，先是开始了和自己父亲的石油公司的继续合作，同时，他用自己的资金创建了一些私人企业，但是他在南加州的第一个企业可以说是彻底地失败了。

盖蒂在南加州进行了一段时间的勘探后，购买了位于加利福尼亚州普恩特附近的"狄狄尔牧场"的石油开采权。但当时盖蒂和自己父亲石油公司的第二次合作才刚开始，而他一直奔波于加利福尼亚州和俄克拉荷马州之间，为他们父子企业间的合作忙碌不已。所以盖蒂随便找了一家油田钻井承包公司，在"狄狄尔牧场"为自己的新企业钻第一口井。

　　这家承包公司可以说是让盖蒂大失所望，因为这家公司在钻井作业进行了7个月后，井才仅仅打到2000英尺的深度，而且还耗费了他大约十万美元的资金。这一切都让盖蒂感觉到这项工作不能再进行下去了，他很快命令钻井队停止作业，放弃那块油田，而后又以低价把那块土地的石油开采权卖了出去。

　　还好盖蒂的运气并没有继续朝着坏的方向发展，他在加利福尼亚州其他几个地区都钻出了石油，有的油井的产油量还非常高，这都让他感觉很欣慰。盖蒂认为，他虽然在那家承包公司上浪费了大量的金钱和时间，但同时也得到了一个很好的教训，这个教训在以后给他带来的效益，让他觉得这一切都是值得的。

　　盖蒂在自己第一家新公司失败后，逐渐养成了一种工作习惯，就是只要是自己的油田有钻井作业，他就要在现场亲自监督，即便是和自己父亲的石油公司合作也是一样。盖蒂的大多数时间都是在自己油田里度过的，他在那里并不是为了要督促工人工作，因为其实更多时间他都是和钻井工人们一起做着辛苦的钻井工作。

　　曾经艰苦的工作环境让盖蒂学会了吃苦耐劳，他常常会在油田里连续工作一天一夜，如果是在钻井的关键时期，他有可能会连着工作三四天。他不愿意雇人去做监工，除了上次新公司的失败给他的教训外，还和他的思想有很大的关系。

盖蒂的家人以及亲戚都很了解他的这种思想，那是一种倾向于专制的思想，他想让所有的人都按照自己的意思来做。

盖蒂有个表妹，名字叫琼。有一次，她来盖蒂家里做客，盖蒂问她一些关于罗斯福总统的事情。琼和罗斯福总统的夫人是好朋友，因而对罗斯福也有一定的了解。盖蒂非常崇拜罗斯福总统，想和罗斯福结交为朋友，不过他与罗斯福只是简单地见过几次面，两个人之间顶多算得上是认识。所以盖蒂问琼："你和罗斯福总统应该很熟悉吧，他是一个怎样的人呢？"琼冷冷地看了盖蒂一眼："只要所有的事情都听他的，那么他就是一个很容易相处的人，这一点简直和你一模一样。"

这一点盖蒂自己也承认，他在油田做监工，主要是想让油田里的所有工人都按照自己的想法来工作。这样只要工地里出了什么差错，大多数时候责任都是盖蒂自己的，他也就不用再去责备别人了。

盖蒂认为，一个人只要是负责了一件事情，那么就要承担这件事情的所有的责任，只有先努力付出，然后才会有丰厚的回报。他不需要亏欠或感谢别人。要是油田里每个人都这么想也这么做的话，他们的石油事业肯定会获得巨大成功。

第三章　打下坚实的石油基业

1. 在油田里工作的老板

　　盖蒂经常在油田里和工人们一起工作，这给他带来的好处可不仅仅是油田里的钻井作业正常进行，更大的收获是得到了工人们的尊敬和信任。油田工人看到老板来到工地和他们一起工作，会觉得他们之间更像朋友一样。他们和老板是在一起努力去完成一项事业的伙伴，而不仅仅是公司里一个无关紧要的员工。这样，油田里工人们的整体情绪都会很振奋，产生的效益自然也会更高。

　　在20世纪的前30年里，只要老板经常在油田里带领着自己的工人工作，那么就会有大量老练的石油工人愿意为他工作。

　　这一点的确非常重要，因为那时的南加州正有成百上千的油田被开采出来，到处都需要大量的油田工人来钻凿油井，而经验丰富的油田工人自然就变得很稀缺。许多石油公司为了能够招到一些老练的油田工人，都下了很大的本钱。他们承诺约这些工人很高的工资，以及给予生活上一些特别的优待。他们倒处都张贴着自己招聘石油工人所开的条件，有几家公司甚至在人力市场上开始相互竞价。

　　大多数的油田工人都很讨厌这种类似于买卖的招聘，这让他们觉得自己好像只是一个比较好用的工具。他们倒更愿意放弃这些好处，去跟一个能够和自己共同工作在油田第一线的老板合作，这样会得到一种被尊重的感觉。

在那段时期，油田工人都拥有非常骄傲的性格，他们把那些穿着西装每天都待在公司里的人都看作是业外人士，认为那些人根本什么都不懂，只会坐在办公室里做一些没什么大用的事，所以工人们都很轻视那些"业外人士"。如果老板经常在油田里和工人们一起工作，工人都会把老板当作"自己人"，为"自己人"工作，哪有不卖力的道理。

在这方面，盖蒂曾经有过十分深刻的感触。有一次，盖蒂到一处新开发的油田，那里和一家大公司的油田离得很近，那家公司的工作条件非常好，而且他们所有的钻井设备也都很先进，全是运用蒸汽动力进行作业的自动化机器。公司给工人的待遇也很优厚，那里的工人不但可以拿到很高的工资，生活也比一般的公司舒服得多。洗澡有热水淋浴，洗衣服有洗衣机，伙食也不错。可即便是这样，还是有一些老练的石油工人不愿意在那里干。

一天下午，盖蒂正在自己的油田里忙着钻井。有一位看上去很老练的油田工人来到了他的工地，要见这里的老板。很快有人把盖蒂叫了出来，这位工人告诉盖蒂自己想要在这里工作，盖蒂问他之前是在哪里工作的，他说就是在邻近的那家大公司的油田里。

这时候，盖蒂又问他说："我们这里员工的生活及工作条件和他们比可差远了，你为什么要放弃那里那么好的工作条件，反而要来我们这个又脏又破的地方工作呢？"

"我们在那个钻井工地连续干了5个月，结果只钻了四千英尺深，您知道那里的设备很先进，而且这一带整体的土质都不怎么硬，我已经彻底受够了那种慢腾腾的工作进度。"这位油田工人满脸怒色地说道。

盖蒂又问："你感觉我们钻那么深得用多长时间？""我刚才看了一下你们工地的大概情况，估计10天就可以了。"他微笑着说道。

后来，这个工人就一直跟着盖蒂工作。盖蒂的那块油田在很短的时间里就钻出了大量的石油，而和盖蒂临近的那家公司最终钻出的却只是一口空井。

很多人都认为盖蒂天天在油田里工作，他对待员工一定很严厉，其实，他的严厉更多是针对自己，很多时候他对员工还是很体贴的。盖蒂的做事性格已经算是老板中的典范了：严于律己，宽以待人。

盖蒂的一个工头清楚地记得：那次盖蒂和他们在钻一口井，当时很快就要钻到石油了，盖蒂忽然注意到有一名工人动作迟缓，还显出一副很不耐烦的样子。他马上就火了，对着那名工人狠狠地训斥了起来。但只过了一会儿，盖蒂感觉有点儿不对劲，因为那名工人平时一直都是干劲十足的，于是盖蒂停下工作细细地观察了一下他，这才发现原来他的手受伤了，为了在钻井的关键时刻不耽误进度，他还一直留在工地上坚持工作。

盖蒂走到那名工人面前说："刚才真是抱歉，没看到你受伤了。别再干了，我送你去医院，先把伤治好。""不碍事的，老板，等到今天的工作结束了再去。"那名工人还想继续坚持，当时的工头也认为应该等下班了再说，盖蒂却坚决不同意："不行，你手上的伤要是恶化了，可能要很多天都不能来上班了，再说受了伤本来就不应该再待在钻井工地，这样才能避免发生更严重的意外。"

那名工人听从了盖蒂的话，一起去了医院。这件事情虽然不大，但却让很多工人都感觉跟着盖蒂工作是值得的。

盖蒂所做的这些事情赢得了员工们无比的忠心，华特·菲利浦、奥斯卡·普尔和麦克·茂茨这三位都是美国石油行业里最好的钻井手，是所有石油公司都想争取的人，但只有盖蒂得到了他们。在多年后的一份杂志上，对盖蒂石油公司里的高级职员有这样一个评论：他们都愿意长期在盖蒂石油公司里工作，而且都对公司十分忠心。

2. 执着才能找到石油

1921年年初，原油的价格开始上涨，于是整个加利福尼亚州迎来了新一轮的开采石油的狂潮。在这一年的秋天，盖蒂和他的父亲也计划在南加州开辟出他们的新油田，但他们还没有决定从哪里开始钻探。很快他们听说圣达汾泉那里可能藏有石油，只是消息不是很准确，盖蒂和他的父亲决定亲自去那里勘察一下。

圣达汾泉位于洛杉矶的南边，离盖蒂的家不是很远，他们父子俩还请了一位地质学家，三个人一起开着车子前往圣达汾泉。到达那里后，三个人开始进行仔细勘察，过了一会儿，那位地质学家摇了摇头说："我认为这里根本没有石油，咱们去其它地方看看吧，待在这里也没什么用。"盖蒂和他父亲却没有放弃的意思，两个人还在慢慢地查看着周围的地形。

又过了一会儿，他们看到一列火车从远处开过来，当它穿过一条街之后，火车的速度看上去变得更快了，但似乎并不是火车头增加了力量，反而倒像是火车走在了下坡路上。"这一带都是平地，我怎么感觉火车正在下坡呢？"盖蒂的父亲看着开过去的火车，诧异地说道。

于是三个人又在那条街的附近细细地勘察了一下，最终他们发现，这里有一个小山头，山顶就是那条街，由于整体过于平缓，根本看不出来。这一发现让三个人非常兴奋，盖蒂对他父亲说："这下面肯定有石油，我们就在这里钻井吧。"父亲点了点头，那位地质学家也尴尬地表示，这里应该有石油。

回去后，他们就把圣达汾泉附近几块地方的石油开采权都买了下来，盖蒂开始领着自己的钻井队在这里打井，第一口井就打出了石油，而且产量非常高，这让盖蒂的工作热情更加高涨，因为这里确实藏有大量的石油。他很快又在这里打出了十几口油井，每口井里的石油都是喷涌而出。这里给盖蒂带来了巨大的财富，他单单在这块油田上就净赚了六百多万美元。

在盖蒂的眼中，只要是他觉得有价值的油田，无论如何都不会放弃。两年后，盖蒂在西尔滩油田的收获令他很是难忘，西尔滩油田位于加利福尼亚州，它的藏油量十分丰富。那里所有的油田几乎都已经被开发出来了，但有一小块土地没有石油公司去动它，因为大多数人都认为那块地不值得去开发。

首先，那块地的面积很小，大概只有两个普通家庭的院子那么大，要想架起一个正常的钻井设备都有点困难；其次，那块地与运输石油的大路之间只有一条很窄的小道，连运设备和石油的卡车都没办法进出。而在它邻近油田的石油公司都不愿别人在那里钻井，如果那里钻出油井来，那么产出的石油也很有可能是同一个油池的石油，这样会降低他们油井的产量，所以只要是想在那块地钻油井的人，他们都拒绝提供任何方便。

那本来是一家公司的租地，他们也认为在这块地上钻油井必然会赔钱，商议之后，他们公司决定放弃那块地。

没过多久，盖蒂又把它租了过来，一开始就有人告诉盖蒂，不要去租那块地，因为无论你费多大的劲，也不可能从那里钻出一口油井来。盖蒂却不这么认为，他感觉，只要是他们坚持要在那里钻井，那就一定能够找到解决的办法。

盖蒂把自己钻井队里所有的精英都叫了过来，共同商量怎样才能从那里钻出一口油井，而且又能把产出的石油给运出去。这些人多数都和盖蒂一样，喜欢挑战困难，当他们听盖蒂把那里的状况讲完后，也都一致认为，虽然这个问题很麻烦，但还是能够解决的。

有一个钻井的老工人对盖蒂说："情况好像有点儿复杂，您带我们几个到那里去看看吧，咱们先到那儿把具体情况都弄清楚，然后再想办法。"盖蒂也觉得确实应该带他们去现场看看，毕竟他们对那里都不熟悉。

盖蒂带着这些工人来到了那块地，他们先观察了一下地形，然后便聚在一起讨论到底该怎么办。大家都说了说自己想到的解决办法，但似乎都不怎么合适，最后还是那位钻井的老工人想出了一个很不错的主意，他说："我们可以专门为这个油田做一套小型的钻井设备，只要制造出这种设备，在这里打出一口油井是很简单的。"

打井的问题算是解决了，接下来的问题就是怎么把石油给运出去。受到那位老工人的启发，盖蒂想到了一个好方法：在油田和大路之间的那条窄道上建一条小型的铁路，用两节车厢来回运送设备和石油，这样大卡车就不用开进来了。

虽然他们想到的方法很合理，但也承担着一定的风险，如果他们造出了新设备和铁轨，却依然没有把石油开采出来，那盖蒂的损失可就太大了。

在仔细考虑过之后，盖蒂认为他们的方法可行，于是他开始按照自己的想法动工了，很快，这些小型的钻井设备和铁轨都造了出来，这个工地就开始运作了。结果也让他感到非常满意，他们顺利地钻出了石油，也很轻松地运了出去。

面对石油，盖蒂从来都不会跟随着大众的意见来做决定，他是执着的，只要有一点希望，他都会紧紧抓住，绝不放弃，直至成功。

3. 幸运的石油商

盖蒂在三十多岁的时候成功地开垦了很多油田，这让他的事业再次进入辉煌期。有几块大的油田也给他带来了非常可观的效益，雅典油田就是其中的一块。

那一年，盖蒂32岁，他看上了位于洛杉矶南边名为雅典油田的那块地，在经过一段时间的谈判后，他用1.2万美元买下了雅典油田。这块油田是他自己经营的公司独资开采的，并没有和父亲合作。

盖蒂知道自己的资金十分紧张，如果按照平常打井时资金花费的速度来算，在第一口井还没打出来的时候估计他的资金就耗尽了。面对这种情况，只有尽量减少开支来保证钻井作业持续下去，盖蒂选择了自己来做钻井监督，这样既可以加快钻井的进度，又可以减少开支。他还把公司里最精干的三名钻井工人调到雅典油田这边，以便于钻井作业能够更加迅速地完成。他们每天都非常紧迫地做着钻井工作。

3个月后，盖蒂他们钻出了第一口油井，每天大概可以生产2000桶原油。直到这时，盖蒂才松了一口气，他不用再担心资金的问题了，这口油井产生的效益已经足以维持他们的花费了。没过多久，他们又在雅典油田里钻出了第二口油井，这口井的产量更高。在以后的几年里，仅仅雅典油田的这两口井，就为盖蒂带来了四十多万美元的纯收入。

又过了一年，盖蒂在阿拉米杜斯高地买下了克利佛油田，他一直认为，自己买下这块油田真是幸运至极。克利佛油田是一块产油量非常高的油田，它的开采权先是被一家小公司以4000美元的价格买了下来，但没过几天，那家公司急着用钱就想把油田卖掉，盖蒂马上用双倍的价格把克利佛油田买了过来。

第二年春天，盖蒂在克利佛油田钻出了第一口油井，这口井每天可以产出5000桶原油。但盖蒂并没有因此而狠赚一笔，反而在一开始的几个星期里，还赔进去了很多钱，甚至差点儿把这块油田也搭进去。这也让盖蒂明白了一件事，当一个独立的石油商面对一家大石油公司的压迫时，会面临多么糟糕的情况。同时也知道了，并非所有的大公司都是这样，有些公司还是很愿意和这些独立的石油商合作的。

盖蒂在钻出第一口油井后，就开始寻找一些公司来收购他生产的原油。可他没有想到，竟然所有的公司都不愿意和他合作，这种情况还是第一次遇到。没过几天，就陆续有几个投机者来找盖蒂，要求买下他的克利佛油田，这几个人都不愿意说出他们是代表了哪家石油公司。盖蒂马上就明白了，这应该是一家大石油公司看上了自己的这块油田，直接来买的话，自己肯定不会卖，所以就想用这种压榨的手段巧取豪夺。以前盖蒂只是听父亲说过，石油行业里有这些卑劣的手段，没想到，现在这种事竟然真的发生在了自己的身上。

面对这种情况，盖蒂有两种选择：一是把自己的油田给卖了，但价格一定很低；二是用自己的资金硬撑着，直到石油卖出去。盖蒂从来都没有向谁认输过，这次他决心顶住压力，一定要把自己的油田保住。

可盖蒂的石油公司生产的原油已经有一段时间没有市场了，这些每天产出的原油就必须得妥善储存起来。盖蒂在洛杉矶打听了好几天，才终于找到一个储存石油的地方。那是一个已经倒闭了很久的炼油厂，那里有两座很大的储油槽，总储油量能达到15万桶。于是盖蒂马上把那里租了下来。然而这只是解决了一个小问题，如何把石油卖出去才是关键。

就在盖蒂还在苦苦地为第一口井生产的原油寻找买家的时候，又有三口油井钻了出来。除了第四口井外，每口井每天的产油量都超过5000桶，高产量这时给盖蒂带来的只是更重的负担。各种资源的消耗以及运输费都让盖蒂的流动资金越来越少，而且大量的石油产出也会很快把那两座储油槽装满，到时候，盖蒂只能选择完全停工了。

又过了一段时间，盖蒂的资金几乎用完了，储油槽也装满了，他已经完全没有了退路。即使是到了这种时候，盖蒂依然努力地让自己冷静下来，仔细地分析现在的情况。忽然他注意到了一点：和小公司没办法合作，因为他们都不敢得罪那些石油大亨，但可以找那些和对方差不多大的大型石油公司合作，这样或许还会有一线希望。想通了这一点，盖蒂觉得自己并不是没有机会，于是开始寻找合适的伙伴。

接着发生了一件很巧的事，盖蒂正在选择和哪一家公司合作时，他得知壳牌石油公司的董事长来到了洛杉矶。壳牌石油公司在当时是美国最大的石油公司，这是一个绝佳的机会，假如和这家公司达成了协议，那么自己的一切问题就都能解决了。

壳牌石油公司的董事长乔治爵士是一个很和善的人，当他知道盖蒂请求单独会见自己时，很爽快地答应了。盖蒂见到乔治后，向他慢慢讲述了自己公司这一段时间所处的情形。当听到那些大公司对盖蒂所用的手段时，乔治显得非常愤怒，因为他们公司很讨厌这些伎俩。在听盖蒂把事情说完后，他表示壳牌石油公司愿意和盖蒂石油公司合作。

乔治爵士还告诉盖蒂，他们会先把盖蒂已经储存的原油买过去，然后在克利佛油田和他们公司的油管网之间建一条输油管道，以后盖蒂在克利佛油田生产的原油他们也全都买下来，而且这些事情会马上就叫人着手去办。

第二天早上，壳牌石油公司来了几位高级职员和盖蒂商谈合作的事情，他们还带来了铺设输油管的工人，当天就开始动工铺设输油管道了。盖蒂终于安然地渡过了这次危机，成功地把克利佛油田保了下来，这块油田先后为他挣得了80万美元的利益。

上世纪20年代末，盖蒂石油公司的资产已经达到了一千多万美元，盖蒂的新事业已经成功地发展了起来。

4. 安然面对经济危机

20世纪20年代，美国的各项事业处于很繁荣的时期，但这种繁荣并不稳定，因为当时整个经济体系都没打好根基。很多人都注意到了这点，盖蒂也感觉到商业市场马上就要经历一场可怕的危机。他曾经写信给丘吉尔："美国的商业前景，并没有媒体上描述的那么乐观，我觉得商业很快就要发展到最高点，过不了几年，商业就要迎来一个可怕的低谷。"

的确，盖蒂预言的情况很快就发生了，到了20年代末期，先是美国的工业发生了剧烈的动荡。尤其是石油行业表现得最为明显，从勘探油田到产出石油，这中间的各种花费都迅速地变得越来越高，大量的资金消耗让很多石油公司都难以承受。有一些小石油公司很快就倒闭了，也有一些石油公司开始合并，还有一些直接被大石油公司吞并了。但这一切似乎只是一个开始，因为慢慢地，美国的整个市场经济都开始动摇了。

这对所有的商人而言都是一个灾难。盖蒂也进入了一个特别艰难的时期，他要保证自己所有的产业都正常运行，一个中等规模的石油公司，还有许多油田，这可不是一件容易的事。而且，这些年，他也成了自己父亲公司的一个大股东，现在他父亲的健康状况越来越差，父亲公司里的许多责任也都落在了盖蒂身上。

1929年，华尔街金融市场崩溃了，美国的股票价格开始疯狂下跌，整个股票市场最终还是垮台了。许多大型石油公司由于股票的下跌，都出现了严重的资金短缺，也有好多公司因此倒闭了。但盖蒂和他父亲的公司却没有受到过于猛烈的冲击，因为他们两个一直都是把自己的私人资金用在公司勘探和生产石油上，他们几乎都没有什么私人存款，所以公司的周转金一直都非常多。他们也没有从银行贷过款，这也为盖蒂以后事业的发展提供了很大的帮助。

盖蒂为了减少市场经济对自己公司的影响，他开始和公司里的高层商议，让他们公司建立一个体系——关于石油行业的所有产业都由他们自己来做。主要包括勘探、生产、运输、炼制、销售这五个方面。只要自己的这个体系成功运作，那么外界对他们的影响就会降到最低。

但现在美国的经济情况十分糟糕，这使很多事情办起来很复杂。盖蒂的很多亲戚和朋友都劝盖蒂赶紧把他和他父亲的公司都卖掉，他们都认为，所有的商业都只会变得更坏，美国的经济马上就要面临瓦解了。盖蒂却不这么看，他认为美国的市场经济虽然受到了很大的打击，但总体上还是健全的，而且企业凝聚了自己父亲一辈子的心血，盖蒂是无论如何也不会把它卖掉的。

其实盖蒂对经济的发展也没有十足的信心。1931年，受经济危机的影响，很多石油公司都把自己的股票以非常低的价格销售出去。盖蒂认为这是一个好机会，他陆续买进了很多公司的股权，其中包括了墨西哥石油公司价值200万美元的普通股权。

但过了一段时间，市场上的股票又开始下跌，公司里的其他人都要求立刻把股票卖出去，他们认为公司现在不能再冒险了，而且那些股票应该会持续跌下去。尽管盖蒂认为墨西哥的经济还是挺稳定的，可是其他所有人都不同意公司继续留着那部分股票，盖蒂后来听从了他们的意见，把墨西哥石油公司的股票全部卖了出去。

没过多久，墨西哥石油公司就开始盈利了。盖蒂才发现自己做了个多么错误的决定。如果他没把股票卖出，而是去买进一些，他可以很轻松地取得墨西哥公司的掌控权，那么每年也就能多赚个几十万美元。

这一年，盖蒂的父亲已经是75岁高龄了，他本来就有心脏病，现在开始频繁发作，他虽然努力地在和病魔抗争着，但身体还是变得越来越虚弱，毕竟岁数已经很大了。第二年夏天，父亲的心脏病再一次发作，经过一个多月的治疗也没能好转，最后还是去世了。

父亲的逝世对盖蒂来说是一个莫大的打击，盖蒂这一生最尊敬的人就是自己的父亲，自己的一切都是在父亲的影响下形成的，和石油的第一次接触，迷上勘探石油，加入石油这一行业，直到建立自己的事业，自己就是这样在父亲的指引下一步一步走到今天的。在父亲刚去世的那段时间里，盖蒂忽然感觉自己的人生都变得迷茫起来了。

后来盖蒂在自己的记事本里为父亲写下了这样一段话：乔

治·盖蒂是一位伟大的父亲，他为我的人生指明了方向。他拥有很高的智慧和明确的人生态度，所有认识他的人都对他敬佩不已。作为他唯一的孩子，我会尽最大努力完成他未竟的事业，并把他为之奋斗一生的石油事业继续发展下去。

十几年前，盖蒂就听父亲说过，他想把自己努力建立起来的事业变成他们的家族企业。现在他这个梦想也算是实现了，37岁的盖蒂已经能够完善地经营着他和父亲的那两家石油公司了。

经济危机带来的灾难还在持续着，盖蒂没有太多的时间去悲伤，他必须马上振作起来。公司里还有大量的财务问题等着去解决，而且现在这么糟糕的经济状况也让很多事情处理起来很麻烦，盖蒂也很清楚这些情况，他很快就又重新回到了公司主持一切。

5. 力排众议盯上大公司

无论做什么事情，如果与大多数人的信念和态度背道而驰的话，那么发展起来是非常困难的。这一点在商界表现得尤为明显，一个商人的想法如果与当时最为主流的意见大相径庭，那么他就会受到同行业人的阻碍与嘲弄。

在20世纪30年代的经济低迷期，盖蒂决定开始大量地购进股票，并建立一个涵盖一切石油产业的企业。他的这一想法遭到了很多人的反对，这些反对者大多数都是他的朋友与同事。他们都认为盖蒂这种疯狂的举动根本就是在把自己慢慢地推向绝路。但盖蒂的竞争者们倒是很乐意看到他这样做，他们甚至还愿意给盖蒂提供一些帮助。

在盖蒂宣布他准备买下加利福尼亚州几家最大的石油公司的其中一家时，所有的人都开始慢慢地相信他确实是疯了。一般人都认为，那些大型的石油公司可以收购他们这些独立石油商的公司，这也是以前普遍发生的事。但是一个独立的石油商要去收购一家大型石油公司，简直是妄想，没有人相信这种事情会发生。

尽管外界的舆论给盖蒂带来了巨大的压力，但他还是决定实施他的计划，因为在他的眼中，自己并不是自掘坟墓，而是在给未来铺平道路。在过去，盖蒂所控制的石油公司全部都是从事勘探石油的工作，他们只需要找到石油，然后将石油从地底下钻出来就行了，从来没考虑过炼油和销售的问题。但是那一次，几家大型石油公司给盖蒂使了一些手段就差点让他破产，这件事给他留下了深深的印象。为了使自己的公司生产的原油能够一直拥有稳定可靠的市场，他必须合并一个能够储藏和提炼大量原油，并且可以独立完成销售的石油公司。

当时，在加利福尼亚州只有7家这种公司，其中加利福尼亚标准石油公司和壳牌公司是两家实力强劲的老牌石油公司，任何一家独立的石油商都不可能把他们吞并下来。而联合石油公司、通用石油公司和德克萨斯石油公司，这三家公司都拥有完全独立自主的原油来源，盖蒂很难插足到他们的企业中去。富田石油公司是一家很封闭的公司，他们的股票不在市场上流通，而且他们当时已经快要破产了，这显然不是一个合适的发展目标。剩下的只有潮水联合公司，它也成为盖蒂的最终选择，也是最合理的选择。

潮水联合公司的实力本来就不是太强大，经济危机又让它虚弱了很多。他们油田生产的原油只能够提供自己炼油厂需要量的一半，另一半需要在其他石油生产商那里买，这让盖蒂有很好的机会加入到他们公司中去。重要的是，潮水联合公司有一个很好的市场独立销售组织，而且他们的产品在众多消费者心中也拥有非常好的名声。

在盖蒂看来，如果他们公司与潮水联合公司合作，两家都能够获得很大的利益。盖蒂控制的公司，其中包括明尼荷马石油公司与盖蒂石油公司，可以保证生产出大量的原油。潮水联合公司的炼油厂就可以得到充足的原油供应，他们的销售市场也可以进一步扩大。通过他们公司间的相互合作，就可以把整体的企业规模做大，这对盖蒂和潮水联合公司来说都是非常有利的。

不过，明尼荷马石油公司的真正掌控权在盖蒂母亲的手里。由于华尔街金融的崩溃，所有资产的价值都大量缩水。盖蒂的父亲所拥有的财产经过仔细评估后，大概只值一千多万美元，这和他十年前的财产净值基本一样。

盖蒂的父亲知道盖蒂在当时已经赚取了很多资产，因此在遗书中，只留给他五十万美元，同时把明尼荷马石油公司和乔治·盖蒂机构的总裁职位留给了他，可盖蒂发现他还是受到了很大的限制，很多决策都要通过母亲和董事们的同意才能执行。

盖蒂的母亲是遗嘱的主要受益人，盖蒂的父亲把自己的股权都给了她，因此他以前掌控的各个公司现在都已经被盖蒂的母亲接手了。盖蒂的母亲非常担心经济情况会变得越来越糟，她建议盖蒂减少大量的支出，而盖蒂这时的看法已经和母亲完全不一样。

盖蒂深信经济危机只是暂时的，它必然有复苏的一天，所以在股票价格低的时候就应该大量买进，他提出了公司要整体扩张的计划。那时好多大型公司的股票，正在以极低的价格销售，很多股票的价格甚至连它净值的二十分之一都不到。这是一个非常好的机会，把这些股票买下来，就相当于资金直接翻了20倍。

一直以来，盖蒂和他父亲的公司都是在做石油的勘探和生产业务，生产出来的是原油，只能卖给炼油厂或输油公司，也就是说必须和别的石油公司合作，这也就给了大公司可以趁机压榨他们的机会。而现在股票价格这么低，这正是控制一个独自具有炼油设施和市场销售路线公司的绝佳时机。也可以说，经济危机为盖蒂创造出这个独特的机会，让他能够建立起一个既可钻探油井，又可将生产出的产品直接供给消费者使用的综合石油公司。

盖蒂把自己所有公司的现金和货款盘算了一下，准备要大干一场。但他在父亲公司中的财产和权力都受到了母亲的限制，因此他一直都在和母亲沟通，希望能获得她的支持，可母亲始终都是犹豫不决，无奈之下，他只得先用自己的资金开始做。

6. 拿下潮水险胜而归

1932年，盖蒂开始实行自己的计划。他先尝试性地购买了1200股潮水联合公司的股票。在以后很长的时间里，盖蒂每隔几周，就会再从他们公司购买几万股。一年以后，他已经从潮水联合公司购买了七十多万股。但想要掌控这家公司，凭这点儿股权还差得很远。

盖蒂在进入商界后，他的经纪公司就一直是胡夫公司。多年以来，盖蒂主要是和胡夫公司的戈顿·克瑞利和鲁乐夫·柯顿交往。他们两个作为盖蒂的经纪人，给了盖蒂很大的支持，特别是在盖蒂争取潮水联合公司控制权的时候。

如果盖蒂是要为一些标准的石油公司或者普通的汽车公司股票做担保，那么几乎任何经纪公司都会支持和帮助他。但是这次他针对的是潮水联合公司的股票，大多数的经纪公司都对这一家公司的股票持怀疑和观望态度，而胡夫公司认为潮水联合公司的股票前途非常好。他们非常相信盖蒂的判断，并且也知道即使判断失误遭受了损失，盖蒂也会想办法来补偿他们。

胡夫公司曾经在盖蒂争夺潮水联合公司控制权最关键的时刻，给予过他几千万美元的支持。这也让盖蒂在未来的半个多世纪一直都是这家公司的主要客户，而胡夫公司确实是一家很好的股票经纪公司。盖蒂在晚年的时候，还曾在电视上为胡夫公司做过广告，很多新闻媒体都对盖蒂这种荒唐的做法表示不解。其实道理很简单，盖蒂只是想表达对这家公司的感激之情而已。

在那个时候，盖蒂在各方面都需要帮助。潮水联合公司的多数高级人员都决心要阻止盖蒂，他们的总裁兼董事长威廉·韩福瑞更不想让盖蒂得逞，这位董事长是一位足智多谋的对手。虽然盖蒂和他之间发生过很多次冲突，但还是一直非常尊敬他。

经过一段时间的争夺后，盖蒂慢慢地发现，新泽西州标准石油公司才是潮水联合公司的真正掌权者，而标准石油公司是被石油大亨洛克菲勒所控制。如果他早知道这种情况，就绝对不会去购买潮水联合公司的股票。毕竟像他这种小型的独立石油商，是很难和一家世界级的大型石油公司对抗的。但是在盖蒂清楚这种情况的时候，他已经深深地陷在了里面，想要再抽出身去已经不可能了。

眼看着盖蒂的前途变得越来越暗淡，盖蒂的母亲把她在乔治·盖蒂机构的控制股全部交给了盖蒂，她只留下了公司300万美元的期票。半年后，她把这300万美元的期票，投资到他们所建立的信托基金里，还把信托人的名字改成了盖蒂。

盖蒂的母亲留下一部分资金建立信托基金，是有她自己的一些想法。虽然她已经快80岁了，可头脑还是很清醒的。当时盖蒂要为他自己的事业打拼，但她要保证，无论金融和经济将来向什么方向发展，盖蒂的事业是否成功，都要留下一定的财产让盖蒂和他的子女都能够生活得无忧无虑。所以她才想出了这个主意，为盖蒂的家族设立了巨额的信托基金。

盖蒂从母亲那里得到了控制股后，算是完全控制了他父亲的产业。他终于可以按照自己的想法来运用自己父亲留下的资产了。但即使加上所有的资金，他想要赢得潮水联合公司控制权的希望还是非常渺茫。不过，接着发生的一件事彻底改变了盖蒂的困难处境。

元旦那天，盖蒂接到了一个从纽约打来的长途电话，是他的朋友杰伊·郝京士。他打探到了一些新消息：标准石油公司已经把它所掌控的潮水联合公司股票转交给了内华达州一家名叫"任务公司"的控股公司，并且还告诉那家控股公司，把所有的股票按比例分配给股票持有人。

这个方法可以把潮水联合公司股票全部分散到个人手中。如果这件事发生了，那么盖蒂就永远不可能再得到这些股票，想要取得潮水联合公司的控制权更是难上加难。盖蒂的心一下子就沉下去了，但郝京士又告诉他：洛克菲勒似乎并不知道为什么要把股票分散到个人手中，他认为把任务公司的股票低价卖出去会更好。听到这里，盖蒂内心又重新燃起希望，因为洛克菲勒持有潮水联合公司百分之十六的普通股。如果能把他手中的股权全部买下来的话，那就相当于又获得了潮水联合公司的一大部分股权。

这时，盖蒂却很担心一件事：如果潮水联合公司的上层人员知道洛克菲勒想把股票卖出去，那他们一定会阻止他的。郝京士认为这种情况已经不可能发生了，洛克菲勒已经坐上了前往亚利桑那州的火车。公司里的人暂时没办法联系上他，而他在出发前就已经把想要销售股权的授意拿给了郝京士。这是一笔接近180万美元的交易，盖蒂和郝京士直接在电话里敲定了。

购买了洛克菲勒的股权后，盖蒂想再从其他股票持有人那里购得一些股权。这些人中有很多都认为：既然洛克菲勒在将股票分发到个体户手中之前，就急着把他任务公司持有的所有股票全卖给了盖蒂，那么他们最好也照着做。只要出售的是潮水联合公司的股票，盖蒂全部都买了下来。很快，盖蒂拥有潮水联合公司的股权比例越来越高。盖蒂从任务公司那里购买的大量股票，终于让他取得了潮水联合公司的大部分控制权。

到这时，盖蒂终于也成为了一位名副其实的石油大亨。他开始稳步发展潮水联合公司，也慢慢地巩固自己对公司的控制权。1952年，盖蒂几乎掌握了潮水联合公司的所有股权，这家公司也渐渐成了他的家族企业，这为他以后在中东开发油田奠定了坚实的基础。

第四章　失败的婚姻历程

1. 难以捉摸的女人

在稳固发展自己石油公司的这30年中，盖蒂和不同的异性交往过。而且先后经历了5次婚姻，但均以失败告终。这让他很羡慕那些能够成功经营婚姻的人，因为他认为自己在这方面是一个完全的失败者。

在盖蒂这几次失败的婚姻里，有很多事情都可以作为反面的教材。盖蒂不是一个理想的丈夫，大多数男性的缺点在他身上都有。他很少把自己的时间和精力放在家庭上，每天都待在自己的油田或公司里。平时在生活中也表现得很专横，还常常发脾气，稍有不顺心就会和妻子吵起来。他从来不会记得自己妻子的生日，也没有和她们举办过一次结婚周年纪念……

盖蒂感觉自己在很多方面都不能理解女人。很多时候，除了自己的妻子，盖蒂会经常和很多别的女性维持着良好的朋友关系。虽然并没有和这些女性朋友发展过什么特殊的关系，但在女性方面，他的很多"哲学"却让他的妻子难以接受。盖蒂一直认为，即便自己结婚了，也没必要去故意避开自己以前交往过的那些女性朋友。

在盖蒂控制的一家生产飞机零件的公司里，三分之一的员工是女性，盖蒂曾特别对她们提出过表扬，尽管这些女员工的工作范围比较窄，但她们的办事效率却很高，而且尽职尽责，很愿意为公司着想。盖蒂受朋友嘱托去主持那家公司，所以大多数时间都留在工厂。在那家公司里，他仔细观察过男性和女性员工之间的区别。两者的区别从两件事上就可以轻松分辨出来。

一是在接受公司的任务时，男性与女性员工的表现大为不同。女员工只要是感觉自己的能力有所不足，她们都会坦白地说出来。如果公司要求她们去做一些超出自己能力的工作，她们就会直接向公司反映自己做不成，然后会要求派一些人来教她们。而男员工就不会这样，他们遇到这种情况会自己去想办法解决。很少听到他们说自己不懂或不会，通常都会宣称自己已经完全了解了公司的意思，然后靠着自己的摸索干下去，至于成功还是失败就不敢保证了。

二是在受到公司的批评时，两者的差距更大。当公司对女员工的工作情况提出批评时，她们都表现得好像是公司在针对个人一样，显得很委屈，有的甚至会哭着跑进厕所里。事后她们还可能连着好几天情绪都很低落。而男员工在工作方面受到公司的批评时，他们会觉得公司是在就事论事，自己这件事没做好，应该受到批评。

男人多数都会把注意力放到他想做的事情上，而且很少会分心，女人则不一样。有一次，盖蒂想要去华莱士参观艺术收藏品。他当时的女朋友听说后，就想要和他一起去。盖蒂毫不客气地直接回绝了。

"为什么不愿意带着我？"她生气地质问道。

"坦白说吧，你平时太受别人的宠爱了，总希望自己成为男人的焦点。"盖蒂告诉她。"如果我们一起去，你也会想要我把所有的注意力全都放在你身上。而我是去欣赏艺术品的，这样你和它们之间就存在了竞争。你要是失败了，就会对我很恼火。它们要是失败了，我就算白去了，整个下午就会这样浪费掉。"盖蒂的这一番话把女朋友气坏了，连着好几周她都没和盖蒂说话。

这件事还让盖蒂想起来女人的另一个特点，就是在一些很小很琐碎的事情上，她们的记忆力特别好。如果男人没有遵守诺言，或者仅仅是她们自己认为的诺言。那她们一定会记得清清楚楚，即便是非常小的一件事也是这样。因此，盖蒂认为男人和女人说话时一定要谨慎，否则很容易就会得罪她们。

有一天，盖蒂和好朋友包勃在一起聊天，他们谈到了有关女性的话题。包勃就对盖蒂说："女人对男人所给的承诺都很敏感。哪怕是我们随便说的一句话，只要是答应了她们一件事，就一定得兑现，否则肯定会惹她们生气。"

"在几年前，有一次周六，我没什么特别的事，就向我女朋友提议，周末上午我们一起去她最喜欢的饭店吃早餐。结果到了第二天，外面下起了大雨，因此，我就对她说在家里吃早饭吧。女朋友听了之后，好几天都没理我。"

在对女性了解方面，盖蒂还有一个比较深刻的体会：未婚女人的年龄越大，她们的脾气往往会比年轻女人更加乖张。

盖蒂29岁时，他选了爱伦做女朋友，当时爱伦已经26岁了。他们俩经常约会，过了两个月，盖蒂都准备向她求婚了。然而后来发生了一件事，彻底打消了他求婚的念头。

一天晚上，盖蒂和爱伦开车到一家夜店去玩，开的是一辆卡迪拉克轿车，在车子下面装有很先进的避震支架。可那时的路况太差，在路过一片洼地时，尽管盖蒂很小心，爱伦的身子还是突然往前冲了一下，头差一点撞在前面的玻璃上。

这只是一个意外，一般比较年轻的女性都会稍微提醒一下，开车小心点。可爱伦却非常生气地对盖蒂吼道："你开车都不看路吗，差一点儿让我撞在玻璃上！"这一句话，让盖蒂感觉到自己对爱伦的了解还很少。接下来的一段时间，他开始在各方面都仔细地观察了一下爱伦。渐渐地，他注意到，外表迷人的爱伦却有很暴躁的坏脾气，于是决定不再和她交往了。

2. 婚姻狂热病

1923年，盖蒂娶了自己的第一位妻子。她的名字叫珍妮特·戴梦蒂，是一位十分聪明又漂亮的黑发美女。当时，戴梦蒂才18岁。在和盖蒂认识后，她很快就被他的成熟气质所迷。尽管两个人之间的年龄差了13岁，但她还是决定嫁给盖蒂。

而盖蒂怎么会想到结婚呢？原因很复杂。或许他早就已经开始厌倦这种单身汉的生活了，和异性之间一段一段平淡的感情，很像是单身汉在和女人玩着调情的游戏。渐渐地，盖蒂也对这种生活感到不安，他需要一个真正意义上的女性伴侣了。

他当时已经31岁，如果想要自己建立起来的事业传续下去的话，那就该培养接班人了。作为一个家族企业的传承人，他需要尽快结婚、生子。

尽管盖蒂也想结婚，但他还是感觉自己的妻子着急嫁的因素更重一些，并不是他非急着娶她。盖蒂在和珍妮特·戴梦蒂交往几个月以后，两个人就决定结婚。双方父母也很赞成，他们把结婚地点定在了加州温德拉。几天之后，两人在那里举行了一场盛大的婚礼。

结婚后，盖蒂和戴梦蒂搬到了洛杉矶的维尔马大道生活。他们在那里租了一幢很漂亮的房子。那一段时间，盖蒂和妻子生活得很幸福。尤其是在搬到新家以后，没过两个月，珍妮特就怀孕了。第二年，盖蒂的第一个儿子出世了。为了表示对父亲的尊敬，盖蒂给儿子取名为乔治·盖蒂二世，这些似乎都预示着他已经建立起自己成功的婚姻了。

但美好的东西总是短暂的。实际上，在孩子出生之前，盖蒂的婚姻就已经开始出现裂痕。

妻子怀孕没多久，盖蒂就又开始忙于自己的事业。因为他在加利福尼亚州正开发着好几块新油田，所以经常在钻井的工地上过夜，有时甚至会一连住好几天。而且俄克拉荷马州和新墨西哥州的油田也一直需要他来管理，盖蒂不同意让怀着孕的妻子跟着自己四处颠簸。

还有，盖蒂成年后就一直是一个人生活，真的很难在短短一年的婚姻生活中，就把自己过去的一些习惯完全改掉。

盖蒂的妻子是一个个性很强的女人。一直以来，她对婚姻都保持着一个很理想化的概念。在她眼里，丈夫就应该在结婚后多陪陪妻子，尽量减少外面的应酬。而且她的醋意很重，只要不满意就会说出来。

当盖蒂在家的时候，夫妻俩经常一起出去吃晚饭，都是去他们过去常去的地方。这样难免会遇到一些熟人，其中自然也包括女人。这时候，只要盖蒂和她们打招呼，他妻子就会很生气，他们甚至还为这件事吵起来过。

其实在这种情况下，男人的任何抗议都没有什么效果。大多数人都知道，很多时候女人的一些抱怨，完全都是无中生有的。盖蒂的妻子在孩子出生两个月后，就正式告诉盖蒂，她不想再这么生活下去了，然后她就离开了。

没过几天，盖蒂的妻子就向法院提出了离婚讼诉。知道了这个消息后，盖蒂非常难过，他这才意识到自己没有担负起一个做丈夫的责任。后来，盖蒂同意了离婚协议，这件离婚案很快就判定了，他的第一段婚姻只维持了18个月。

离婚的诸多事情都办妥后，两个人又恢复了朋友关系，这种友谊还一直持续了下去。后来珍妮特再婚了，而且婚后一直生活得很快乐。盖蒂真心祝福她，同时，他也希望自己能够成功建立一个美好的家庭。

在这一年，盖蒂在石油事业上有了很大的收获。他钻出的很多井都产出了石油，有一些产量还非常大。公司的运营状况也很好，他甚至只用几部电话进行督导的工作就可以了。

盖蒂一直很喜欢墨西哥，而墨西哥的官方语言就是西班牙语。十几年前，盖蒂曾经去过一次西班牙，在那里，他喜欢上了西班牙人的说话方式，从那以后就一直渴望着能够学习西班牙语。刚好这一段时间比较闲，他就前往墨西哥城，在墨西哥大学里报了一个短班，开始学习西班牙语和墨西哥历史。

可能是第一次婚姻的反弹，在那个短班里，盖蒂很快发展出了自己第二段荒唐的婚姻。班里有一位年轻漂亮的女人，名叫爱伦·艾希比。她当时只有17岁，是德克萨斯州一位农场主的女儿。

爱伦非常喜欢户外运动，特别是骑马，她可以称得上是一位女骑术家。当盖蒂和她一同在马上驰骋之后，两人就迅速进入了热恋期。爱伦太年轻，基本上没什么阅历，而盖蒂又很迷恋她。因此，他们都没有经过多长时间的交往，就开始商量两人的婚事了。

盖蒂和爱伦都没有征求双方父母的意见，就决定在苦那瓦卡结婚。婚礼很简单，但两个人都很高兴，他们还沉浸在热恋的幸福之中。不过，两个人都很快就发现他们犯了一个严重的错误。在离开墨西哥大学后，他们就发现彼此之间几乎没有共同语言，也接受不了对方的生活习惯。因此一离开墨西哥他们就分居了，不久，爱伦就向盖蒂提出了离婚。盖蒂的第二次婚姻就这么草草地结束了。

在20世纪20年代快结束时，盖蒂的父母回到美国，而他则留在巴黎，租了一幢非常雅致的小房子，这对于一个离了两次婚的男人来说，确实是一个很好的住所。没过多久，盖蒂决定出去旅行一下，他把地点定在了维也纳。

3. 顽固的岳父

维也纳是奥地利的首都，经过第一次世界大战，它的繁荣和富裕早已不复存在了。不过，作为一国之首都，维也纳的很多服务设施仍然非常健全。盖蒂住在维也纳格兰德旅馆，这是他以前来维也纳常住的一家旅馆。在这里，他遇见了自己的第三任妻子。

一天中午，盖蒂在旅馆餐厅吃午餐的时候，看到两位年轻漂亮的女士和一对老夫妇围坐着一张桌子。其中一位拥有金黄色头发的女士，把盖蒂彻底给迷住了。他的眼睛完全不舍得从她那里移开。吃过饭后，盖蒂给了侍者一些小费来打听有关她的消息。

侍者告诉盖蒂，她的名字叫菲诺琳·爱德芬·郝尔姆。那对老夫妇就是她的父母，另一位女孩是和他们一起来维也纳玩的朋友。她的父亲奥图·郝尔姆博士是一位工程师，到维也纳来是为了参加一项工程会议。菲诺琳没来过维也纳，她母亲也想来这里看看，于是郝尔姆博士就带着一家人都过来了。

过了一会儿，菲诺琳离开餐桌走进电梯，盖蒂发现她的身材也很迷人。不只是美丽，她的面孔和每一个动作都散发出青春的气息。盖蒂决定马上开始追求她，当天晚上就给她发了一份邀请。

而后就发生了一件很有趣的事，菲诺琳记得很清楚。她和朋友共住一个房间，那天晚上，一名侍者持着一张名帖，说是有一位名叫保罗·盖蒂的先生邀请她们两位到楼上相聚。她和朋友都很年轻，这算是她们第一次被别人当作成人来对待，对这项邀请都很好奇。菲诺琳告诉父母她们想要出去逛会街，打过招呼后，她们直接跑到楼上来见盖蒂。

盖蒂邀请她们共进晚餐，两个姑娘对这种环境都比较陌生，虽然她们答应了盖蒂的请求，但一直显得束手束脚。盖蒂叫来服务员，点了旅馆里最贵的酒，三人开始边喝边聊。因为菲诺琳不胜酒量，很快就感到有点头晕，于是就和盖蒂道别，回到自己的房间。可过了一会儿，侍者来敲门，并把晚餐的账单给了她们。

　　菲诺琳非常生气，认为盖蒂就是一个骗子，她只得用自己准备买衣服的钱结了账单。第二天下午，盖蒂在大厅里想和菲诺琳说话，她却完全不理他。盖蒂觉得自己没什么地方做得不对，他把昨天的侍者叫过来了解情况，后来他发现原来问题出在昨天晚上的账单上。其实盖蒂已经交代过把账单加在自己的账上，可旅馆的服务员没记清楚，才弄出了这么一个误会。在菲诺琳知道了事情的原委后，两人的关系又进了一步。

　　盖蒂和菲诺琳的感情发展得很快，两个月后，菲诺琳就把盖蒂引见给了父母。她的父亲强烈反对他们交往，首先是年龄上的差距：盖蒂的年龄整整是菲诺琳的两倍。此外，父母希望女儿能留在德国，如果嫁给盖蒂就要去美国了。

　　可菲诺琳根本不顾父亲的反对，和盖蒂的交往越来越密切。最后两人竟私奔到古巴哈瓦那，并在那里举行了婚礼。度完蜜月后，他们一起回到了加利福尼亚。可菲诺琳不太会说英语，而盖蒂还要忙于自己的事业，不能一直陪她。盖蒂担心菲诺琳在陌生环境里生活得不习惯，于是就把自己的父母接过来和她一起住。

　　盖蒂的父母都非常喜欢菲诺琳，感觉儿子终于找到一位与他很相配的妻子。至于他们之间年龄的差距，不是什么大问题。盖蒂的父母把菲诺琳当作女儿一样看待，特别是盖蒂的母亲，在看到菲诺琳的第一眼，她就认下了这个儿媳妇。

　　但是菲诺琳的父母却一点儿也不喜欢盖蒂。自己的女儿不听从他们的意见而跟盖蒂结婚，一直让他们耿耿于怀。菲诺琳的父亲一直写信劝她回去，这让她感觉压力很大，每天都在孝与爱之间踟蹰着。菲诺琳父亲的强烈反对，是造成盖蒂第三次婚姻破裂的主要原因。

结婚后一年，菲诺琳怀孕了。菲诺琳的父亲要求她在德国生孩子，因为他是一名强烈的爱国者。孩子快出世的时候，母亲也想要她回家，这样方便照顾她。在父母的不断劝说下，菲诺琳决定回到德国。盖蒂的事业当时正在快速地发展，公司里的很多事都需要他亲自处理。菲诺琳告诉盖蒂她先回德国，让盖蒂把事情办完后再尽快赶过去。

到了10月份，盖蒂正准备从纽约出发时，一场大规模的经济危机席卷而来。他只得把行程往后推一推，先为自己公司制定一些计划，保证公司能够平稳运作，然后他才乘船前往德国。当菲诺琳在柏林生下孩子的时候，盖蒂刚好赶到。菲诺琳生下了一名男婴，盖蒂给他取名朗纳。

第二次做父亲，盖蒂非常高兴。但是没过多久，他就面临着一个难以解决的问题。菲诺琳的父亲给了他一个艰难的选择：要么同意菲诺琳和朗纳永久在德国居住，要么就和菲诺琳离婚。这件事情还没有解决，盖蒂又接到一个坏消息：他父亲心脏病发作，这一次病情非常严重。

在那个年代，世界上还没有跨洲的航空线路。盖蒂接到父亲病重的消息后就急忙搭上了一条回美国的船，赶回去见了父亲最后一面。然后又忙着处理父亲财产和公司的事情，这都让菲诺琳的父亲认为自己的女儿不应该再和盖蒂走下去。

这一年的年底，盖蒂知道已经没有办法挽救他的这次婚姻了。菲诺琳的父亲派出了他的律师来替他女儿提出离婚诉讼，无奈的盖蒂只能在离婚协议书上签了字。

离婚之后，菲诺琳再也没有结婚。盖蒂和她之间保持着联系，两人成了好朋友，她也经常带着孩子来看他。盖蒂认为如果没有菲诺琳父亲的干预，他们很有可能成功地经营好那段婚姻。

4. 唯一的罗曼史

盖蒂也有过一次浪漫的情史，他清楚地记得，在自己第三次婚姻失败以后，他决定去欧洲游历一番。可盖蒂不想用自己的真名字，这么做是为了不让人知道自己是一个身家上千万的富翁。他给自己找了一个保险经纪人的身份，一般人的家庭，普通的收入。这样的话，如果碰到一个女孩说喜欢上他，那一定不是为了他的钱。

到了欧洲后，盖蒂开始旅行的几个国家，经历都很平常，无非是看看当地的风景，品尝一下他们的美食，这样一路来到了意大利。盖蒂很喜欢意大利的首都罗马，它是一座古老而又美丽的城市。喜欢艺术的盖蒂打算在罗马多住一阵子，仔细欣赏一下罗马的宏伟建筑。

一天晚上，盖蒂在一家旅馆吃过晚餐后本想回去睡觉，可他觉得吃的稍微有点多，就想先到街上散会儿步。在一个街角处，盖蒂碰到了一个年轻女子。见到她的第一眼，盖蒂就被迷住了，他立即走过去和这个年轻女子搭讪。而这名女子似乎也对盖蒂很感兴趣，两人便开始了交往。

年轻女子的名字叫露西亚·安东尼里。经过几天的交往，盖蒂发现露西亚太优秀了，她由内而外都散发着一种迷人的气息，全身几乎涵盖了女人所能拥有的所有优点。她非常聪明也非常漂亮，总是能够体谅别人，行动谈吐都显得很有教养。和她在一起的时光，盖蒂总会感到非常愉快。而且最重要的是，露西亚也很喜欢盖蒂。

露西亚住在罗马旅馆的一间公寓里，盖蒂经常去找她。露西亚的公寓布置得很雅致，这很符合她的性格。露西亚平时的穿着简单而高雅，是一个很会生活但又不浪费金钱的人。露西亚告诉盖蒂，她是一名孤儿，小的时候自己的父母就去世了。后来是一位远方表亲把她接到了家里，她是靠着这个亲戚的救助来生活的。

这一切都让盖蒂认为，露西亚简直就是自己梦想中的女伴，而且露西亚对他也是一见钟情。盖蒂和露西亚的关系快速地发展着，他们的约会也越来越频繁，很快就搬到了一起住。盖蒂甚至想到要和露西亚结婚了，因为他认定露西亚是自己所想的最完美的妻子。

盖蒂确定露西亚不是因为他有钱才爱他的。盖蒂一直都没有告诉她自己的真实身份，她认为盖蒂只是一个普通的保险经纪人。这让盖蒂感觉非常好，他们两个的感情是纯真的，没有掺上任何杂质。可如此美好的一段感情，却毁于盖蒂那严重的戒备心理。

那是一个早上，盖蒂带着露西亚在奥斯提亚的海边玩耍。玩累了，两人就到附近的一家餐厅吃早餐。在餐桌上，露西亚问盖蒂："你是不是瞒着我什么事？"盖蒂心里一惊，慌忙回答："没有啊，我怎么会有事隐瞒你呢。"又过了一会儿，露西亚以一种早就知道一切的眼神看着盖蒂："你根本不是保险经纪人，你的名字是保罗·盖蒂，是美国的一位著名石油商。"她慢慢地说道。听到这里，盖蒂一下就傻了。

这时，在盖蒂的心里，有一种梦想破灭的感觉。他原来为露西亚敞开的那一扇心扉，突然紧紧地关闭上了。他觉得可爱美丽的露西亚也已经被金钱腐化了。然后，盖蒂问服务员要来了账单，结账时他心想，自己又要到别处去扮演保险经纪人了。盖蒂把露西亚送回了公寓，而自己则回到以前住的旅馆。他不想再让这份感情持续下去，因为它已经被金钱玷污了。第二天清早，盖蒂就离开罗马前往了巴黎。

可以说，完全是钞票扼杀了这场罗曼史。两年以后，盖蒂从朋友那里得到了一个让他非常震惊的事实。露西亚当时几乎和盖蒂一样，她的那些身份都是假的。露西亚出生于意大利一个很富有的家庭，她也总是怕别人追求她是因为她家里有钱，所以，她也用了一个假的名字和身份住在了罗马。

刚好碰到了去罗马旅游的盖蒂，她非常喜欢盖蒂，而且知道盖蒂也深爱着自己。当露西亚告诉她的父亲自己和盖蒂恋爱的事后，她的父亲立刻派人调查了盖蒂的底细，他可不想自己的女儿嫁给一个贪财或者是无能的人，这正是露西亚为什么会知道盖蒂的底细。

盖蒂的朋友还告诉他，露西亚根本不可能会贪恋他的财富，因为她父亲在欧洲也是屈指可数的富豪，当时他们家的财富要远比盖蒂家的多得多。露西亚也不是一个爱财的人，她一直怕庞大的家产会毁了自己的婚姻幸福，所以才会一个人搬到罗马去住。遇见盖蒂后，她以为终于找到了自己的幸福，可没想到盖蒂竟然弃她而去。

等到清楚事实真相以后，盖蒂非常后悔。他问那位朋友，露西亚现在在哪里，她结婚了没有。朋友告诉盖蒂，他和露西亚已经不可能了。因为她知道盖蒂离开罗马后，十分伤心，盖蒂甚至都没有来和她道别。后来，露西亚听从了父亲的建议，嫁给了一位意大利的贵族做妻子，而且他们还有了两个孩子。

可以这么说，盖蒂的戒备心理，并没有给自己带来幸福，反而回过头来伤害到了他。总而言之，因为盖蒂对金钱的戒备和对女人的疑虑，让他错过了这场自己一生中唯一的罗曼史，甚至可能是他唯一能够经营好的婚姻。

5. 事业至上的人

40岁的时候，盖蒂因为公司的业务去了一趟墨西哥。在那里，他认识了安·罗克，一位年轻漂亮的黑发美人。她的父亲是好莱坞著名的制片人，从小就受到父亲的影响，安也想成为一名演员。

盖蒂和安是在一家酒店中无意中碰见了，两个人迅速地擦出了火花。虽然他们之间差了整整20岁，可这丝毫没有影响他们恋情的发展。10月份，盖蒂向安求婚，然后他们直接就在墨西哥步入了婚姻的殿堂，而这已经是盖蒂第四次结婚了。

结婚之后，盖蒂和安住在加利福尼亚的一处海滩附近，他们专门在那里建了一幢小房子。刚开始的一段时间，两个人一起生活得很好。安很快怀孕了，两个人的生活变得更加甜蜜。第二年，她为盖蒂生下了第三个儿子尤金·保罗。

本来一家人生活得很快乐，但由于盖蒂对自己的事业过于专注，家庭又开始慢慢地出现了问题。安抱怨盖蒂经常不在家，她很不理解，既然他们已经很富裕了，他为什么还要那么地拼命工作。在他们的另一个儿子戈顿出生之后，安就再也受不了这样的生活了。而且她也想在电影界成就自己的事业。两个人的摩擦逐渐增多，最后，这场婚姻终于还是维持不下去了。

安提出了离婚诉讼。这一场离婚官司比盖蒂前三次经历的都要热闹，遭遇的问题和困难也更多。回顾这件事情，盖蒂觉得这一切的喧哗，包括报纸和杂志上的谈论和攻击，很少是安和盖蒂他们俩宣传出来的。大部分的责任都应该归到安的那些朋友身上，他们很多都和安一样想成为出名的演员，盖蒂这一次喧闹的离婚更像是这些人在为自己做宣传。

盖蒂又成了单身汉，一个已经离过四次婚的人。照理说，他对婚姻都应该有一定的恐惧了，然而事实并非如此，盖蒂因为商业上的事需要搬到纽约住一段时间，他在那里租了一间公寓。没过多久，他就迎来了自己的第五次婚姻。

在纽约，盖蒂认识很多女性朋友，贝崎就是其中一位，他们是以前在好莱坞认识的。盖蒂搬进新公寓的时候，贝崎正在练习一场话剧。盖蒂把自己的公寓布置妥当后，打电话给贝崎，邀请她有空的时候到他公寓来玩。

一天下午，贝崎带着她的朋友路易丝·林琦来到盖蒂这里。盖蒂见到路易丝的第一眼，就认定她是自己心目中最理想的伴侣。路易丝是一位举止显得很高贵的美丽女士，全身都散发着极大的魅力。

盖蒂还发现路易丝在音乐上有很高的天分，她被当时的时尚界评为最有潜力的女歌手。她平时都是在要求极高的俱乐部里演唱，在那样的俱乐部演唱，唱功必须要扎实，从低音到高音要无所不精。路易丝在俱乐部里的声誉也非常高，她一直渴望成为一位著名的歌剧演员。

　　路易丝是百万富翁包乐芝的亲戚，但是她并不富有，包乐芝希望她能够自力更生，所以她的生活是靠着自己做歌手挣的薪水来维持的，每个月有两千多美元。路易丝想进修歌剧课程，可是资金不够。盖蒂表示很愿意资助她，等到她将来赚了钱后再偿还给他。为了能够成为一个出名的歌剧演员，路易丝还把名字改成了泰奥杜拉·林琦。她感觉这个名字听起来更古典一些，但盖蒂还是一直称呼她路易丝。

　　路易丝先到伦敦学了一些基本的知识。几周之后，她去往罗马，准备学习更深一层的课程。这时，盖蒂已经深深地迷恋上了她，也跟着她到了罗马。两人在罗马很快就走到了一起，然后在那里结婚了。

　　盖蒂和路易丝结婚的时候，她只有23岁，而盖蒂已经43岁，又是相差20岁。这就像盖蒂的一个表兄弟所说：盖蒂似乎是要坚持娶一个有代沟的女人做妻子。

　　两人一起生活的第七年，路易丝为盖蒂生下了一个儿子第米。盖蒂已经50岁了，虽然已经有了4个儿子，但是他仍然为再度为父感到高兴。路易丝曾经这样说过：在第米出生之前，盖蒂根本就不知道怎样做个父亲。盖蒂也这么认为，因为当他面对第米时，会完全流露出自己内心的真挚感情。以前的四个儿子，从来都没有让他有过这种感觉。

路易丝和盖蒂有了孩子后，生活得更快乐了，盖蒂认为这一桩婚姻终于能够走到头了。可是问题很快又出现了，首先是盖蒂坚持要留在俄克拉荷马州，他想要亲自经营斯巴达飞机公司。而路易丝也想重新建立起她的事业，自己想做个歌剧演员的梦想一直还没有实现。她开始频繁地参加各种音乐会、独唱会和歌剧院的举办的一些演唱。两个人在事业和兴趣的冲突越来越多，他们的婚姻生活开始慢慢走向破裂。

后来，盖蒂因为事业的缘故，又搬到了欧洲，打算在那里常住一阵子。路易丝带着儿子第米跟着他在欧洲住了一段时间后，她从自己和第米的立场出发，向盖蒂提出了一个要求：她和第米都要回美国居住。

路易丝告诉盖蒂，第米是美国人，他更应该在美国接受教育。而她的事业和家人都在美国，所以她也要回去。最后她想要盖蒂也回去，如果他不同意，那么就要和他离婚。当时，盖蒂把自己的事业重心都放在了那里，事业心极强的他不愿意回去。路易丝又劝说了盖蒂几次，可都没什么效果，于是她决定和盖蒂离婚。

盖蒂的第五次婚姻就这样结束了，这也是他的最后一次婚姻。

6. 盖蒂做不成的事

对盖蒂来说，无论在事业上面对多大的困难，他都能找到一些很好的解决办法。盖蒂从来都不相信自己会失败，因为他一直是痛恨失败，这也被他认为是自己生活中最根本的推动力。

这并不是因为盖蒂喜爱成功，更多是因为他开始了一项工作后，心中自然就产生一种强大的鞭策力，那就是拼上自己的一切力量，一定要让这项工作达到让自己最满意的结果。盖蒂一生所做的各种工作，绝大多数都是成功的。如果经过一番努力，他得到的还是个失败的结果，那他一定会仔细地分析原因，并保证以后不会再犯类似的错误。

然而，在婚姻方面，盖蒂却是一再地失败。他能够装配和改造汽车，独自勘探开凿油井，完善地经营自己完全不了解的飞机制造工厂，甚至成功地建立了一个商业帝国。但是却唯独不能够成功地维持一次婚姻，这到底是什么原因呢？

这个问题，盖蒂也不止一次地琢磨，空闲时候他就经常在想，自己的婚姻怎么总是失败。他和自己的朋友以及父母都谈论过，在处理那几次离婚官司的时候，盖蒂也和自己的律师仔细交谈过，但始终都没找到自己婚姻接连失败的原因。

盖蒂的父亲一直不赞成盖蒂离婚，他认为婚姻生活需要两个人慢慢地磨合。在生活中夫妻要懂得相互谦让，这样两人的婚姻才会持续走下去。但是他在有生之年就已经见到盖蒂离了两次婚，而在他去世的时候，盖蒂的第三次婚姻也已经濒临破裂。

盖蒂的母亲认为，盖蒂不应该和那些比他年轻太多的女人结婚，年龄的差距才是他婚姻失败的最根本原因。盖蒂的5位妻子都比他小10岁以上，这会让他们之间存在着很深的代沟，肯定没办法长时间在一起生活。盖蒂母亲所说的这一点，确实很有道理，盖蒂也认为他和几位妻子之间存在着一定的交流障碍。每次婚姻出现问题时，他都想挽回，可在和妻子商量解决办法的时候，两个人总是说不到一块儿去。

当然，盖蒂的母亲也是太疼爱盖蒂，她认为盖蒂的妻子中四个都没法真正配得上盖蒂。而唯一和盖蒂比较相配的，对方的父母却不通情理，导致后来也离婚了。

盖蒂觉得自己从来没有主动想要和他的任何一位妻子分离，几次离婚诉讼都是他妻子提出来的。在盖蒂眼中，一张结婚证书就像是一项商业合约一样。只要他在上面签了字，就会一直遵守合约里的所有协定。5次婚姻的失败，全是因为自己妻子不遵守合约的内容。

其实结婚证书似乎并不是一项很好的合约，它比任何东西都能够更快速地破坏掉男女朋友间的关系。结婚之前，男人女人就像赶火车的人一样，专注而匆忙地去赴约。可他们一旦上了火车，成为乘客以后，就全都坐着不动了。

曾经有一位朋友对盖蒂说："你并不是一位道德主义者。否则的话，就不会结5次婚了。"或许他说的有点道理，但盖蒂认为自己的品德总体来说还是没有问题的，只是在婚姻这方面有点欠缺。盖蒂有一位妻子在离婚之后对她说："你非常适合做朋友，而且是一位了不起的朋友。但作为丈夫，就差得多了。"

一直以来，盖蒂认为自己都很幸运。至少比他认为的很多离过婚的男人要幸运。每次婚姻结束以后，他和自己的前妻就又成了好朋友。这件事一直让盖蒂感到比较欣慰，毕竟妻子并不是讨厌他这个人。

盖蒂经常过分地专注于自己的事业，他的每一位妻子都对这点感到非常不满。她们都认为是盖蒂的事业严重干扰了他们的婚姻生活，如果盖蒂能多抽出点时间来陪陪自己的家人，她们也不会和他走向离婚这条路的。

　　盖蒂认为她们的指责确实有一定的道理，他承认自己在这方面需要承担一定的责任。但是任何事情，都不能只从单方面去看。盖蒂认为男人不能因为结了婚，就减少自己在事业上投入的精力，他也需要对公司里的所有人负责。

　　而且，盖蒂认为，身为一个妻子，也应该和丈夫分享他在事业上取得的成就。但盖蒂的几位妻子，没有一个人关心过他的事业，反而都只是表现了对他事业的厌恶。也可能是因为在所有的婚姻关系中，盖蒂从来就没有听从过自己妻子的建议。

　　一个女人在结婚后，都想成为自己丈夫心中最重视的人。任何人甚至事物让丈夫忽视了她，都会引起她心中极大的不满。特别是嫁给一名成功商人，女人就更想要满足自己情绪上的这种渴望。而结婚后的男人则会慢慢恢复到以前的工作状态，对妻子的热情也会逐渐地消退。而这时，妻子就会觉得丈夫似乎完全回到他自己的世界里了。在这种背景下，夫妻之间的不和睦就会越来越多。

　　盖蒂认为和女人共患难是比较容易的，这是她们很显著的一个优点。可能是因为女人的内心都存在着一种母性，她们会在困难时期变得很坚强。但要和她们共同分享成功就比较难了，她们总是会担心很多没头没脑的事情。例如嫁给一位成功的男人后，她很可能会害怕自己只不过是丈夫的一件普通装饰品。

　　经历了5次失败的婚姻后，盖蒂学到了很多东西。他认为自己已经认识到，一名成功的商人该怎样处理自己的婚姻。不过，这也需要伴侣的配合。只有双方静下心来坦诚相待，才能解决婚姻中出现的问题，才能让婚姻一路走下去。

第五章　建立自己的商业王国

1. 挑战陌生的事业

　　婚姻生活的失败并没有打倒盖蒂，这位斗士继续在自己的事业上努力拼搏着。在第二次世界大战期间，美国参战后，他甚至要求加入海军，去一线作战。

　　1941年，日本人偷袭了珍珠港。知道这件事后，盖蒂给当时的海军部长发了一封电报，表示自愿投效海军服务。海军的报名处设在华盛顿，但他没有办法马上去那里，因为自己的母亲已经病危了。盖蒂需要留在母亲的身旁，她已经有89岁的高龄，而且病情又比较严重，医生建议不要再让她去别的医院了。

　　几天之后，盖蒂母亲的病情恶化。那天正是圣诞节，盖蒂却感觉不到一点儿节日的欢乐，因为母亲的情况越来越糟了。盖蒂一直守在母亲的病床前，因为母亲已经没有了康复的机会，这是他们在一起的最后一段时光了。第二天下午，盖蒂的母亲安详地去世了。后来，盖蒂在自己的日记中写道："我多么想念她，没有人能够像她一样爱我，她是世上最伟大的母亲！"几十年后，他看了这段日记，心中的哀痛仍然非常强烈，就好像这件事情是昨天才发生的一样。

　　办完母亲的后事，盖蒂就前往华盛顿。海军部长詹姆斯·法瑞士塔是盖蒂的朋友，所以他先来到了詹姆斯的办公室。他告诉詹姆斯，自己是一名经验丰富的游艇驾驶员，而且已经通过了海军的体格检查，看能不能把他安排到一艘军舰上做导航员。

詹姆斯听完了盖蒂的叙述后摇了摇头，他认为盖蒂的年龄已经很大了，如果到海上去，身体可能会受不了。所以，他一口回绝了盖蒂的请求。然后詹姆斯告诉盖蒂，要是他愿意在陆地上做行政工作的话，可以考虑给他安排一下。

詹姆斯知道，盖蒂在争夺潮水联合公司控制权的时候，同时也获得了很多其他公司的控制权，其中斯凯利公司就是盖蒂在那时夺过来的。斯凯利公司是美国中部一家很大的石油公司，任务公司掌握了它百分之五十七的股权，后来盖蒂控制了任务公司，也就控制了斯凯利公司。而在斯凯利公司下属的公司里，有一家专门为飞机生产零件的公司——斯巴达公司。

斯巴达公司分成了两个部分，一部分是一所飞行学校，主要为美国、英国和加拿大的空军训练飞行员。这一方面，它做得很成功，已经训练出几千名优秀的飞行员；另一部分是一个生产工厂，专门为飞机生产各种零件。而在这一方面，显然它做得非常失败。生产出来的很多东西都不合格，完全没办法使用。

詹姆斯建议盖蒂改变自己的计划，不要再想着去军舰上服役，而应该亲自去经营斯巴达公司，为空军生产出合格的飞机零件。他认为这样盖蒂同样能为国家做出更大的贡献，如果盖蒂亲自主持斯巴达公司的那两个部门，效果一定会好得多。

当时的空军确实迫切地需要各种飞机零件和训练有素的飞行员。要得到这些，斯巴达公司必须由一个经验丰富的商人来经营，让他来主管公司的工厂和飞行学校。

盖蒂告诉詹姆斯自己要考虑一下，以前他从来没接触过飞机制造这一行业，有些担心自己会把事情搞砸了。而在当天晚上，盖蒂在一家旅馆非常巧地遇到了杰克·史维伯，他是格鲁曼飞机公司的负责人。盖蒂就对他谈起了斯巴达公司，听到这家公司，杰克显得非常愤怒。他对盖蒂说："那家公司生产出来的飞机零件质量太差了，多数都不能用。最近我们正准备把东西都退回去，也不想再和他们合作了。"

和杰克的一番谈话，让盖蒂决定亲自去斯巴达公司看一下。两天之后，盖蒂来到斯巴达公司所在地——俄克拉荷马州。公司的前半部分是一个工厂，十多年前就建立了，一直没怎么发展。后半部分是一所飞行学校，现在是美国最大的私人飞行学校。学校由麦克斯巴尔弗上校管理，他是个非常老练的飞行员。

要接受这项工作是比较难的，因为盖蒂完全不了解飞机，仅仅知道飞机有翅膀和引擎。盖蒂几十年的商业生涯，主要都花在石油上了。虽然偶尔也投资过一些别的企业，但也都限于房地产和旅游业。在飞机制造业，盖蒂一点儿经验也没有。

盖蒂先详细地查看了斯巴达工厂，又研究了一下公司的生产记录，然后广泛地和公司的员工交流了一番。他开始渐渐明白自己需要做什么了——扩大斯巴达工厂的规模，重新修正工厂的生产线，提高飞机零件的生产质量。而斯巴达飞行学校，只要继续交给麦克斯巴尔弗上校管理就行了，因为学校一直运营得非常良好。

第二天，盖蒂回去告诉詹姆斯，自己愿意亲自去经营斯巴达公司。他先回到石油公司，把下一阶段的工作大致交代了一下，就马上赶到俄克拉荷马州去了。他相信自己石油公司里的人员可以把公司管理好，他们都是跟着盖蒂打拼几十年的人了。

到了斯巴达公司以后，盖蒂亲自任公司总裁，全面接手了斯巴达公司的各项事务。他先辞退了公司里拿钱不做事的人，接着招聘了大量的新人，然后和新人们一起讨论公司的下一步发展。经过一段时间的交流，盖蒂开始对斯巴达工厂进行全面的改革。

2. 完美地完成任务

盖蒂每天都非常认真地面对这项工作，这并不是一个简单的生产厂，他们制造的可都是精密的飞机零件，每一个零件都十分复杂。为了保证飞机的安全飞行，绝不能允许出任何差错，因为一个小小的毛病都可能机毁人亡。

工作一段时间后，盖蒂已经把斯巴达公司经营得非常好了。他发现，其实这和经营一家石油公司很相似，只是在技术方面，两者有着极大的不同。飞机的引擎需要精确到千分之一英寸，而测量一口油井深度却并不需要那么精细。

由于生产飞机需要的材料都比较先进，很难找到合适的替代品，所以经常会发生材料短缺的情况。像生产机翼外层需要的铝合金，就总是缺货。幸好在盖蒂以前的工作生涯中，就经历过类似的情形，他知道该怎样面对。盖蒂在公司里专门组织了一个部门到各地去收集材料，问题很快就解决了。

无论做什么事情，盖蒂都非常喜欢动脑子。特别是在经营事业这方面，他认为每完成一项事业，都是在为社会创造一定的价值，这也体现了我们生存的意义。

而对斯巴达公司而言，它所创造的价值并不是为一般人提供商业服务的。盖蒂的目的也不是为了扩展这个公司或者赚钱，而是要尽一切可能去帮助自己的国家打赢战争。它的意义是非凡的，这就是盖蒂亲自来经营这家公司的原因。

其实，这种服务也具有一定的商业性，因为斯巴达工厂不仅要以最快的速度生产出飞机零件，也要保证产品拥有最佳的品质，而且价格还要尽可能的低廉，这样才能长时间地去迎合一个巨大又紧急的需要。

盖蒂受到这些想法的指引，开始重新衡量自己的这份工作。他想要斯巴达工厂的生产作业进入最佳的状态，于是开始引用以前在石油行业经常使用的一些好方法。经过试验后，他发现许多方法确实有效，两样事业在很多原理上都是相通的。

过了一段时间，美国军队的代表们都认为盖蒂在飞机制造这方面很专业，他能预测许多产品生产所需的时间，以及产品生产出来后所能达到的效果，都非常准确，比很多专业人士在调查报告里填写的数字还要可靠得多。

盖蒂刚来斯巴达工厂的第一个月，工厂就收到了一份合约，要求他们制造格鲁曼战斗机的机翼。当时这种飞机非常先进，制造它的机翼需要非常高端的材料和技术。斯巴达工厂的技术人员预测，他们至少要花15个月的时间训练出专业的人员，备齐所有的材料和生产工具，然后才能开始制造机翼。

但当时的战事非常悲观，德国纳粹已经进军到苏联境内。同盟军的各国只能采取被动的防御措施，而轴心国却在逐渐突破他们的各个防线。在这种情况下，用15个月的时间来准备制造战斗机机翼，显然太慢了。

盖蒂认为这些技术人员的预测太谨慎，总是担心事情会完不成。他们和商人不一样，内心都缺乏一种敢想敢做的精神，而只有这种精神才会促使工作提早完成。盖蒂召集斯巴达工厂所有人员开了一个讨论会，他们一起探讨这个问题。每个人都知道这是一种艰难的挑战，也都知道提高生产速度的重要性。经过一番争论，盖蒂决定把预测的时间缩短为6个月。一些技术人员表示强烈抗议，他们认为盖蒂从来就没有经营过飞机工厂，他根本不知道自己在干些什么，那种飞机机翼在斯巴达工厂，6个月内不可能投入生产。

在一开始，格鲁曼和美国海军的代表，对斯巴达工厂能在6个月内开始生产飞机机翼多少也抱有一些怀疑的态度。但他们都知道盖蒂在工作上向来都是说到做到，所以答应了和斯巴达工厂合作。

签订合约后，盖蒂和自己的生产主管马上从公司里选出了几十名最优秀的生产工人，并把他们送到加利福尼亚一个最先进的飞机制造厂。在那里，他们开始接受紧张又严密的训练，学习制造战斗机机翼最为有效的方法。而盖蒂在斯巴达工厂领着所有的人员加紧搜寻材料，制造生产工具。等到那些生产工人训练完成后，盖蒂已经在工厂完成了10套生产工具。工人一回来，斯巴达工厂就直接开始生产战斗机机翼了，比预测的6个月还早了一点。

不久之后，斯巴达工厂就生产出完全合乎规格的格鲁曼战斗机机翼。生产量也很大，可以源源不断地供给美国各个生产格鲁曼飞机的公司。战争期间，盖蒂一直亲自负责主持斯巴达公司的运作，他和公司里的人员一起努力地工作着，把公司慢慢地发展起来。

在后来的两年里，美国政府陆续颁发给斯巴达工厂很多奖励。在整个二战期间，斯巴达工厂在飞机制造业做出的成绩非常显著：先后生产了90架教练机、150副格鲁曼战斗机机翼、650架轰炸机以及其他飞机各种零件和机身等。

斯巴达工厂在盖蒂的带领下，对二战的战事做出了很大的贡献。而且这家工厂的规模扩大了好几倍，员工也由原来的几十人发展到后来的几千人。二战结束后，盖蒂开始让斯巴达公司转而生产房屋拖车。在这些新产品从工厂里生产出来以后，他又重新把自己的注意力转回石油公司。

3. 进军到中东去

在第二次世界大战结束的时候，盖蒂感觉到自己的石油公司必须要在中东获得一个立足点，那里的石油储量非常丰富。盖蒂知道想要达到这个目的十分困难，因为当时世界上很多大的石油公司都盯上了中东，他们也都在想尽一切办法得到中东的石油开采权。而这些开采权，大部分都掌握在了巨型石油机构手中，这些机构的财力多数都比盖蒂机构多很多倍。

1948年，中东地区的石油开采权基本都已经被买下了。但不知道是什么原因，其中竟然有一片非常广阔的地区，没有引起任何石油业巨商的注意。这片地区位于中立地带，在沙特阿拉伯和科威特之间，是一片有两千多平方公里的荒地。两国有条约规定，这一片地区的土地归他们共同拥有。

科威特已经把自己在中立地区那部分石油开采权卖了出去，买家是美国独立石油公司，是一家由美国十几个大型石油公司组成的财团。而沙特阿拉伯所拥有的石油开采权，一直还没有公司去争取。盖蒂认为在中东建立自己新的石油事业，这是绝佳的机会。

其实在十几年前，盖蒂就有一个比这要好得多的机会，可惜最后他放弃了。当时，伊拉克的石油开采权还没被人买走，盖蒂派了几个代表去巴格达商谈这件事情。那时还很少有人去中东开采石油，所以那里的石油开采权卖得非常便宜，大概只需要十几万美元就可以和伊拉克谈成了。但是，就在双方快要签订协议的时候，美国的原油价格突然急速下跌，因为在德克萨斯州东部又开出了一个大油田。美国的多数石油商都变得大为惊慌，而盖蒂也受到了影响。面对这种情况，他想暂时先不往中东扩展，代表们接到命令后就停止了和伊拉克的谈判。这项仓促的决定，让盖蒂机构损失了在中东立足的最佳时机。

这一次，盖蒂当然不会再放弃这样的机会。他先派保罗·瓦顿博士去那片中立地区勘察一下，瓦顿博士是盖蒂机构里最好的地质学家。到达中立地区后，瓦顿博士在那里仔细查看了几天。确定结果后，他给盖蒂发了一份电报：结构显示有石油。

瓦顿博士的判断很少有错误的。他的这份电报，让盖蒂决定马上和沙特阿拉伯政府展开谈判。谈判进展得很顺利，虽然沙特阿拉伯开出的价格非常高，但他为了得到那片土地的开采权，盖蒂几乎答应了对方的所有条件。

谈判结束后，盖蒂机构派出了代表他们这一方的律师巴纳巴斯·赫德费，让他和沙特阿拉伯方面的代表在利雅德会面，双方在那里签订了一份协议。协议规定：盖蒂石油公司得到沙特阿拉伯在中立地区的石油开采权，而他们需要即刻付给沙特阿拉伯1200万美元的酬金。而且在以后开采过程中，出现的所有风险均由盖蒂石油公司自己承担。协议另外还规定盖蒂石油公司把在中立地区获得净利润的25%交给沙特阿拉伯。

很多在中东发展的石油公司都认为，沙特阿拉伯所开的条件太苛刻了。有些人认为盖蒂将会在中东惨败，协议的内容已经超过他公司的承受能力。

盖蒂根本不理会这些传言，认为和沙特阿拉伯签订的这项协议非常公平，盖蒂机构为那片地区的开采权所付出的是值得的。沙特阿拉伯的要求并不过分，石油是国家的资源宝藏，而沙特阿拉伯把它交给了盖蒂机构，当然需要他们付出很高的代价。

根据协议的规定，盖蒂拥有那个中立地区60年的石油开采权。其实，他并没有完全掌握中立地区的石油开采权，只能算得到了一半。因为独立石油公司也拥有这片地区的开采权，这一地区是由他们两家公司共同开发。而且，两家公司的利益也是不可分的。

换句话说，在两国统治者那里，两家公司都得到了中立地区各自的开采权。但不论哪一家开采出来石油，都必须双方平分。因为这一带的利益就是两国共享，两家公司得到相同量的石油，沙特阿拉伯和科威特再从他们公司征得相同石油量的税收。

这样一来，两家公司之间就存在着很多难以解决的问题。美国独立石油公司对于在中立地区怎样勘探石油，在哪里钻探油井，都有他们自己的意见。但盖蒂石油公司在很多方面的想法和他们都不一样。于是，两家公司总是在开会争论这些事情——由谁在哪里、什么时间以及该做些什么等等。而在找寻和生产石油方面，两家石油公司都没有真正花上多少精力。

经常是盖蒂正准备在一个地点钻井，另外那家公司的人员却坚持要在附近的一个地点动手，后来盖蒂只得让步。就这样，有4年多的时间和不计其数的资金都浪费掉了，两家公司一直都没有什么大的收获。

后来，美国独立石油公司认为是他们先获得了中立地区的石油开采权，而且公司的资历也比较深，建议勘探和钻井的工作由他们一家来做。因为之前一直是他们两家公司分别各自勘探和钻井，那样不仅做的都是重复的工作，而且相互之间总是有妨碍，这一点他们都深有体会。由一家公司来做的话反而会提高效率，也会为公司节省很多支出。

经过一番商议，盖蒂听从了他们的建议，让自己的公司停止了勘探和钻井工作。只派了一小组人员留在中东，而一切勘探和钻井的工作都由美国独立石油公司去做，盖蒂石油公司只是承担了一半的费用。

但美国独立石油公司连续三年都没有找到石油，这让盖蒂实在坐不住了。盖蒂手下的很多勘探专家都认为，那家公司井钻得不够深。他们都深信中立地区一定藏有大量的石油，只是这些石油是在更深一层的地下。

4. 热情好客的国王

在开发石油阶段，盖蒂的长子乔治·盖蒂二世一直留在中立地区。乔治可能受到他祖父的遗传，在勘探石油方面，他也有着非常了不起的直觉，有些时候甚至能够感觉到应该钻井的确切地点。他极力主张改变当前的策略，而且也要完全改变勘探和钻井的程序。

在和美国独立石油公司合作的那几年里，乔治好几次发现油田后，就告诉他们应该在哪里钻井。可是负责人根本就不听，要在一些完全偏离油田的地方钻井。乔治每次都和他们争辩的口干舌燥，可一点儿用也没有。后来乔治把这些情况都反映给了盖蒂，知道这些事情后，盖蒂决定亲自来中东查看一下。

盖蒂特地为这次中东之行做了一项准备，他把自己反锁在旅馆的房间里用心学习阿拉伯语。因为盖蒂曾经在许多国家旅行过，学习过很多种语言，所以他对怎样学习外国的语言颇有心得。过了一段时间，盖蒂已经可以很熟练地使用阿拉伯语交流了。虽然不足以成为一个阿拉伯语专家，但绝对可以轻松应付普通的对话。

1954年2月，盖蒂从美国出发，前往伊斯坦丁堡。整个路途都比较清闲，盖蒂优哉游哉地观赏着路上的历史古迹和乡野风光。十几天后来到了沙特阿拉伯，盖蒂应王储费塞的邀请前往首都利雅德。

费塞是国王绍德同父异母的兄弟，他具有敏锐的头脑和宽广的心胸，这些气质让他后来成为了一位杰出统治者，深受沙特阿拉伯人民的尊敬。几年前，通过绍德国王的介绍，盖蒂认识了费塞，他们之间很是投缘。但盖蒂因为自己的事业返回了美国，两人就一直再没有机会交流过。这一次，当费塞知道盖蒂要来他们国家后，就决定亲自去迎接他。

盖蒂到达了利雅德，一下火车就受到了费塞隆重的接见。几十名侍从排列在路两旁，每个人手臂上都站着一只老鹰，以表示对盖蒂的尊敬。费塞很热情地走过来和盖蒂握手，然后派出了一支仪仗队护送他到王宫去。

在王宫里，盖蒂和绍德国王共进了晚餐。其实，以前他们并没有过多的接触，基本上都是谈一些生意上的事。这次绍德国王是以朋友的身份来和盖蒂交谈，盖蒂才认识到绍德国王原来是这样一位威严而又亲切的人。

盖蒂可以很熟练地用阿拉伯语交流，这让绍德国王感到很高兴。过了一会儿，绍德国王开始问盖蒂关于石油的事。他说："你们已经在那片地区寻找了几年的时间，怎么还一直都没有见到石油呢？"

"国王陛下，我这一次来到贵国就是要解决这件事。那里一定蕴藏着大量的石油，而我也绝对很快就能把它找出来。"盖蒂回答道。绍德国王听了很高兴，他相信盖蒂说的话。并且只要石油开始大量生产，那么他们国家也会获得一笔很高的收入。

绍德国王又问："你觉得那片地区的发展前途怎么样？"盖蒂说："它的发展前途非常好，等我们找到石油以后，就会有各种商人迁到那里，到时那片地区就会被开发起来。"绍德国王觉得盖蒂说得很有道理，他甚至也想去那片中立地区看一看了。

"你的阿拉伯语说得很好，我真应该赞扬你一下。" 绍德国王说，他友善地看了一会儿盖蒂："你知道罗斯福总统对我父亲说过的话吧。"盖蒂点点头，他对绍德国王说："罗斯福总统曾经告诉过老国王，他对沙特阿拉伯那么感兴趣，因为他基本上算是一位商人，而沙特阿拉伯是一个很好的合作伙伴。"绍德国王听完后说："你也是一位商人，而且是一位值得尊敬的商人。"他的态度，很明显在赞扬盖蒂。

绍德国王说的这些话给盖蒂留下了深刻的印象。身为皇室人员，绍德国王的生活习惯受到了很多礼仪的约束，但是他的心里却充满了人情味。

盖蒂离开王宫以后，迅速前往了中立地区，他的儿子乔治知道后马上来见他。乔治先对盖蒂讲述了一下当时中立地区的大致情况，然后他拿一张中立地区的地图给盖蒂看。图中钻出来的干井都用红色圈标记了出来，而在距离有些干井很近的地方，乔治用蓝色圈标出了几个记号，他认为这些蓝色圈所标记的地方一定有石油。

盖蒂让乔治带他去图中的蓝色标记点看一下。经过一番仔细的勘察，盖蒂也确信这些地点有石油。然后，盖蒂就和美国独立石油公司高层开了一个会议，要求以后勘探和钻井的工作由盖蒂石油公司来做。这几年来一无所获，美国独立石油公司早已经失去了信心，他们马上同意了盖蒂的请求。

盖蒂石油公司再次展开了勘探和钻井工作。盖蒂让公司按照乔治的标注，在其中一个标记点钻了一口井，果然钻出了大量的石油，这口井的产量打破了此前他们最高产油量的记录。他们钻井的地方是一块大油田，又钻了几口井后，那块油田每年可以生产900万桶原油。

一年以后，盖蒂石油公司又在另一处找到了一个油田，这处油田的年产量也高达400万桶。连续找到两块大油田，让两国政府都特别高兴，又给了盖蒂在中立地区相当程度的自主权。因此，盖蒂开始让公司全面开发中立地区。很快他们又发现了几处新油田，于是整个地区石油的产量翻了好几倍，后来几乎可以达到每年生产40000万桶原油。这些消息传出后，就引来一些地质学家测量盖蒂的这些油田，最后他们预测整个中立地区的石油蕴藏量超过100亿桶。

绍德国王后来为盖蒂举行了一个盛大的晚会，来庆祝盖蒂机构的巨大成功。晚会在绍德国王的游艇上举行，盖蒂带了一张中立地区的地图参加了晚会。庆祝之前，盖蒂把地图铺在了地毯上，他向绍德国王详细说明了自己公司在中立地区的进展以及以后在这个地区的发展方向。绍德国王高兴地对盖蒂说："你现在可以用阿拉伯语告诉我，中立地区的石油都藏在什么地方了。"

5. 买下萨顿庄园

盖蒂在中东待了一段时间后发现这片中立地区的发展潜力很大，而想要发展这里，他就必须得留在欧洲。于是盖蒂先回到了巴黎，住在他以前买下的一个旅馆里。安定下来以后，他开始完全投入到工作之中。

对盖蒂来说，在欧洲办公要比在其他的任何地方都更有利。他在日记中记下了自己当时忙碌的生活情境："上午我和欧纳西斯把安排油轮的事情谈妥了，中午和大通银行的总裁裴西进行了一次愉快的聚餐……"

那时候，希腊船王欧纳西斯已经垄断了欧洲油轮行业。要想把沙特阿拉伯和科威特生产的石油运往其他国家，就必须租用欧纳西斯的油轮。当然，一些石油公司也开始对抗，因为很多公司都有自己的油轮，但油轮的数量和装载量都不是很大，所以运送的石油量很有限。如果长期运送大量的石油出去，就还需要和欧纳西斯合作。

盖蒂早就预料到中东地区将会生产出大量的石油，为了运输的方便，盖蒂机构已经建造出了一大批的油轮。而欧纳西斯想要独揽油轮的生意，盖蒂建造那么多油轮就与他起了冲突。如果两个人不能很好地解决这件事的话，那么盖蒂公司的许多计划都会被破坏。

幸好盖蒂和欧纳西斯是好朋友，他们一直都相互信任。和以前一样，他们两个人坐下来细细地商谈一番，问题很快就解决了。然后，他们起身把手紧紧地握在了一起，这就意味着两人达成了一项不可破坏的协议。

在那片中立地区勘探出石油以后，盖蒂机构已经彻底掌握了自己在中立地区的命运，盖蒂石油公司在中东得到了前所未有的发展。十几年以后，盖蒂石油公司在中立地区每年生产出来的石油已经达到5000万桶。这一成功背后还有一个非常重要的因素，那就是盖蒂石油公司在中立地区的一切做法都表现得很友善。公司里的各层员工都十分尊重沙特阿拉伯和科威特的人民，尽量保证盖蒂石油公司在那里成为一个受欢迎的客人。

正如前面所说的，盖蒂第二次到中东时，因为公司的很多业务，他在那里停留了几个月。那段时间里，盖蒂已经开始考虑，自己要在欧洲为盖蒂机构建立一个大型的联络庄园。中东已经开采出了大量的石油，以后的事业重心很可能会转移到中东。有一个联络庄园，方便盖蒂机构下属的各个公司之间联系。

但盖蒂并不是要为公司建立一个工作总部，他想的是找一处比较舒服的居家类型的庄园，尽量避免营造出那种办公型的环境。庄园最好能提供一些轻松的气氛和悦人的景致，这样，盖蒂就可以和自己公司的人员或者其他的商界人士在这里聚会。他们只是相互交换一些意见，不办理正式的业务。

这样一幢庄园最好是在一个国家的首都附近，如果庄园再带有一大片空地的话，那将会是最理想的选择。而在几年前，盖蒂到英国旅行，他曾经写下过这样一段日记："独自开车到萨顿庄园，那是一幢很壮丽的房子，其中有几间房间超过一百尺长。它的院子非常大，到处都种了很多花草……"

萨顿庄园就坐落在伦敦附近，英国又是一个很稳定的国家。它的政治制度和经济运作非常平稳，很少像有些欧洲国家那样大起大落。而且当时的伦敦还是西半球金融和商务的运作中心，盖蒂对英国人的印象又非常好，所以他想选择萨顿庄园作为自己的欧洲联络中心。

过了一段时间，盖蒂再一次去拜访萨顿庄园，这次他是和朋友一起去的。盖蒂离开罗马来到伦敦，先住在了一家旅馆里。而他的朋友保罗因为公司业务也来到了伦敦。有一天他来看盖蒂，然后他们在苏特兰公爵夫妇的邀请下去庄园里吃晚餐。

到了晚上，盖蒂和保罗开车去萨顿庄园，一起去参加苏特兰公爵的晚宴。在宴会上，苏特兰告诉他们自己在40年前用了12万英镑买下萨顿庄园。但现在他们想要搬到另一个庄园去住，因此想出售这座庄园。盖蒂听了非常高兴，因为他已经彻底看上了萨顿庄园。用完晚餐后，盖蒂和保罗还在公爵的电影室里看了一会儿电影，然后两人开车回去了。

回到旅馆，盖蒂马上命人对萨顿庄园做了进一步的调查。很快他就得知，萨顿庄园是都德王朝时代最壮丽的建筑，它是一个王公的宅邸，里面共有72套房子。当时，苏特兰公爵急着要把它卖出去，所以要的价格非常低。盖蒂决定马上把它买下来，这桩买卖还包括了苏特兰公爵在庄园附近的七百多亩土地，买卖只用了半天的时间就完成了。后来据盖蒂估计，自己当时出的价格只是庄园应有价值的1/5。

萨顿庄园距离伦敦30英里，又刚好处于绿色地带，不只是价格便宜，景色与空气都很好。方便的交通，让萨顿庄园成为了一个很好的联络中心。到这一年年底，萨顿庄园已经成了盖蒂机构在整个西半球的联络中心。

后来，盖蒂机构的职员和盖蒂的合作伙伴就可以在这座舒适又豪华的环境中相聚，彼此交换意见、讨论问题以及很多其他商业上的事情。在当时，没有人会想到盖蒂在以后的十几年里，大部分的时间都是萨顿庄园中度过的。

6. 走向世界的企业

　　盖蒂刚买下萨顿庄园时，当地有很多报纸都报道了这件事情。大多数人认为萨顿庄园是盖蒂买下的私人庄园，是他用来享受生活的。后来在一家媒体采访时，盖蒂声明，萨顿庄园是以盖蒂机构的名义买下的，不属于任何人，它是盖蒂机构的一个产业。

　　萨顿庄园的主要用途是作为盖蒂在欧洲事业的联络中心，供盖蒂机构的职员和其他一些商界人士使用。这个产业是盖蒂机构的一个附属单位，房子和空地的使用以及维护费用都是由盖蒂机构负责。除了公司以外，其他人使用都需要交纳租金。就连盖蒂在庄园里居住时，他也需要向公司支付一定的租金。

　　在萨顿庄园里租下房子以后，盖蒂按照自己喜欢的模样对房子的布局做了一些修改，当然这些费用也都是他自己出的钱。他把这里装饰成了自己的新家。

　　事实证明，盖蒂机构对萨顿庄园的投资是绝对值得的。因为自从买下萨顿庄园后，在接下来的很多年里，这部分产业的价值一直在增长。盖蒂机构已经在庄园获得很高的利益，仅仅是庄园本身的价值就翻了很多倍。

　　而盖蒂买下萨顿庄园，主要还是因为它的附加价值（作为欧洲的联络中心）。在主房屋附近，盖蒂命人盖了一幢六层的办公大楼，作为赖比里亚业务有限公司的总部。赖比里亚公司是盖蒂机构旗下的一个附属公司，主要负责安排油轮航行的往返路程和时间。

当然，盖蒂机构还在萨顿庄园里建了很多类似的办公大楼，这让庄园完全发挥了它作为联络中心的作用。

当然，盖蒂有时候也会在萨顿庄园里举行一些晚会，或者搞一些娱乐活动。他会把自己的好朋友都叫过来，他们一起喝酒谈心。也只有和朋友或家人在一起时，盖蒂才会放松内心的戒备，才会无所顾忌地哈哈大笑。

虽然盖蒂一直住在舒适的萨顿庄园里，但他并没有放下手中的工作。盖蒂依然每天很早就起床，处理公司的事务。一直为盖蒂机构忙碌着，小心谨慎地经营着自己的企业。盖蒂不仅要为欧洲的事操劳，还要关注着公司在美国的动态。

有一次，盖蒂接到纽约方面打来的电话，是盖蒂石油公司里的一位高级职员，他建议公司向银行申请一笔贷款，好为公司买下一批重要的股票。但盖蒂不同意那么做，他一向不赞成贷款，这也是他的公司在早期没有被经济危机冲垮的原因，而且盖蒂认为公司没必要这样扩张，他们只需要平稳地发展就行了。

盖蒂曾经这样说过："我总是会为公司保存一大笔流动资金，这是很必要的。在一些关键时期，是没有任何东西可以替代现金的。许多商人在经营上的失败都表明，公司最好不要扩张得超过自己的财政能力。很多商业活动确实应该运用贷款，但我深信，越少地运用贷款，在公司面临一些灾难时，存活的机会就会越大。"

以前盖蒂在美国时，他的公司就已经做了很多的国际生意，但当时公司的规模还不够大。直到他们在中东开采出大量的石油，盖蒂机构才逐渐成了世界级的企业。为了让自己的商业王国持续地成长，盖蒂开始对自己的企业全面改组，各种各样的工厂都建造起来，无论盖蒂机构开始做哪一个行业，与那个行业相关的所有产业它都自己来做，这个商业帝国日渐成型。后来，在世界的很多地方都能够见到盖蒂的公司，这些公司主要分布在北美、欧洲、非洲和亚洲的一些地区。

除了石油以外，盖蒂机构还延伸到很多其他的行业里。其中包含了石油化学、尿素、农业以及冶炼业等等，只要是盖蒂认为利益比较高的行业，他们就开始做那一行。盖蒂把自己家族的绝大多数资产都投资在事业上，充分发挥着每一笔财富的功效。

为了自己的事业，盖蒂经常会工作到很晚。有一次，盖蒂和克劳斯·布罗讨论一些有关沙特阿拉伯中立地区的事宜，两人一直谈到夜里两点多。克劳斯的年龄只有盖蒂的一半，到这个时间，他都已经支持不下去了，而盖蒂的状态还很好。事情谈完后，克劳斯回去休息了，盖蒂又独自持续工作到夜里三点。

盖蒂一直都是这样，无论自己已经多富有了，只要还有工作需要他去解决，他就绝对不会休息。很多时候，盖蒂会连续工作一天一夜。这一点，和很多成功的大企业家一样，像船王欧纳西斯、石油大王洛克菲勒这些人，他们从来都不给自己规定工作的时间，而是要一直等到把自己该做的事情完全解决了才会停止工作。

大公司的老板，从来都没有固定的工作时间。只要有重要的事情需要做，他们就必须投入到事情里面去，直到达到想要的结果才能停止。否则就是一个不称职的老板，公司也会被淘汰。

美国的一家杂志曾经这样评论过：保罗·盖蒂已经在商界活跃了几十年，他一直专注于自己的企业，最终盖蒂机构在商界达到了世界顶级水平。

第六章　经历的投资风雨

1. 地产上的磕绊

　　盖蒂从开始进入石油行业，就一直在和地产打交道。当时为了开采石油，他需要经常购买一些土地的石油开采权。地产和股票有些类似，能真正在这个行业里赚到钱的人，都是聪明而且有耐心的投资者。地产业虽然利润丰厚，但也存在着很大的风险。

　　盖蒂的家族已经和地产打了几十年的交道，盖蒂和他的父亲都曾经错失过良机。盖蒂听父亲说过，父亲也有几次投资地产的经历，虽然他也是一名非常成功的商人，但还是在地产上摔过跤。

　　1880年，密歇根州的底特律城只有10万人口左右。那时盖蒂的父亲在底特律城的附近有一块二百多亩的农场。几年后，因为家里需要一笔资金，他决定以4000美元的价格卖掉这块农场。在当时看来，这笔交易确实很划算。但他没有想到，接下来30年的时间里，底特律城的人口迅速地增长了一百多万。都市区域也开始逐渐向外扩建，很快，他原来的农场也被划进了市区。如果他当初没有卖掉那块土地，那么他们家早就已经成为了千万富翁。而现在那二百多亩土地，已经发展为底特律城的中心区域，它的价值也已经是天文数字了。

　　还有一次，盖蒂的父亲本来想买下位于南加州海岸外的塞他岛。那是一个面积70平方英里的岛屿，对方的要价是20万美元。当时塞他岛还只是一个很普通的岛屿，盖蒂的父亲感觉价格太高，就放弃了购买塞他岛。

但是，瑞利企业认为塞他岛很有发展前途，最后是他们买下了那个岛屿。后来，经过瑞利企业的一番开发，塞他岛很快就成了美国西海岸最著名的旅游胜地，每年都能为瑞利企业带来上百万美元的利益。几十年后，这个岛屿的价值，据估计高达五千多万美元。每次盖蒂的父亲提起这件事，他都为当时没有买下那个岛感到非常遗憾。

盖蒂的父亲也做过很多精明的地产投资。在盖蒂一家刚搬到洛杉矶的时候，盖蒂的父亲曾花了一万美元，在洛杉矶市区外买了一块土地（后来他们家也建在了这里）。那块土地距离闹市非常远，四周全是荒草地，离最近的柏油路也都有一英里远。

但是，过了十年，洛杉矶市区就扩建到了这里。有人向盖蒂的父亲出价30万美元来买这块地，可他拒绝出售。这块地产现在还是属于盖蒂家族企业，它的价值已经增长到了200万美元左右。

盖蒂也一直记得自己在地产上的几次惨痛经历。在事业发展的早期时候，盖蒂曾经在俄克拉荷马州买下过一块土地，名字叫耶鲁池。盖蒂想在那里开发出一块新油田，于是他请了一位地质学家勘探这块土地，看值不值得去开发。

那位地质学家在耶鲁池查看一段时间后，他告诉盖蒂："这块地下没有石油，你最好把它卖了。"盖蒂也没有去亲自看一下，就草率地把耶鲁池那块地给出售了。一家石油公司把地买下来，他们很快就从那里开采出大量的石油。后来，耶鲁池成了一块高产的油田区，而盖蒂则白白丢掉了这笔财富。

最糟的一次是在欧洲。盖蒂想要争取伊拉克一片沙漠的土地开采权，因为盖蒂石油公司的地质学家已经勘探出在那片炎热的沙漠下储藏有大量石油。盖蒂派出公司的代表来到巴格达，和伊拉克政府进行谈判。

那个时候欧洲还没有多少石油商。即使是一片储油非常丰富的地区，开采权的价钱也只能卖到十几万美元，这是一个石油行业往欧洲发展的最好时机。可是，北美原油的价格忽然下跌。墨西哥的原油已经降到每加仑一角钱，于是所有的石油商都有些恐慌，盖蒂也一样。在这种情况下，他不想再把大笔资金投入到石油行业。况且自己在欧洲也没有根基，所以他就命令在巴格达的代表停止和伊拉克政府的谈判。

十几年过后，当盖蒂再去中东购买石油开采权时，不仅价格已经是原来的上百倍，而且他再也找不到像以前那么好的油田了。

当然，盖蒂购买地产成功的经历更多。在经济危机的那几年，盖蒂在加利福尼亚州买下了一大片没有开发过的土地，价格非常便宜，每亩只要几美元。但很多人还是不支持，他们认为盖蒂完全是在浪费资金。因为在当时，那个地区太偏僻，距离任何大城市都比较远，不会有人跑去开发那片土地。

然而，从20世纪40年代开始，美国的城市都在以惊人的速度扩张，市区不断向四面八方扩建。本来盖蒂买下的那块毫不值钱的土地，后来也发展成了一个繁荣的工业区。甚至最后，那个区域的土地都涨到了每亩几千美元，盖蒂的这笔投资翻了上千倍。

盖蒂石油公司成长为一家大型石油公司，就是因为盖蒂的一次地产投资。盖蒂用8000美元买下了阿拉米杜斯高地的一块土地，后来经过勘测，发现那里是一块产量很高的油田（克利佛油田）。

盖蒂在那块地上钻了4口油井，而这4口油井总共为他挣得了八十万美元。

萨顿庄园也是盖蒂一次非常成功的地产投资，不仅庄园本身的价值增长了几十倍，而且还为盖蒂机构做出了重大的贡献。萨顿庄园是盖蒂在欧洲建立的一个联络中心，它紧紧地联系着盖蒂机构在欧洲的所有企业，让盖蒂的事业不断发展到了一个新的高度。

盖蒂对自己的孩子说过，地产是一项可以获得丰厚利益的投资方式，但是它的风险也比较高。想要在这一行业取得成功，就要尽量考虑到所有的可变因素。只要是影响土地价值的因素，都要仔细分析，有耐心的人才有可能成功。

2. 沉稳的赢家

大多数成功的商人都喜欢投资股票，盖蒂也一样，而且他一直都很擅长于股票投资。盖蒂认为好的股票就要在低价时以投资为目的大量地买进，然后坚持持有，让它成为自己的长久资产。很多成功的企业家及投资者都一直强调股票投机的危险性，而且他们几乎都赞同这样一个观点：股票是代表持有人对某项行业的拥有权，并非赌博的筹码。

在上世纪30年代那段经济危机的时期，几乎所有公司的股票价格都已经降到了最低。但即使是这样的价格，也根本没有吸引几个买主。当时，手里有钱的人都不敢去做股票这方面的投资。经济危机已经让他们对金融业感到恐慌，根本看不到其他公司的股票所蕴含的潜力，更想不到这是一个绝佳的股市投资机会。

当时，盖蒂对美国的经济体系非常有信心，他认为美国的经济不会这么一直萧条下去。而且盖蒂早就看上了几家很有前途的公司的股票，以前这些股票的价格很高，他一直在犹豫是否购买。而在那时，所有股票的售价都降为了原来价格的几分之一，盖蒂毫不犹豫就购买了那几家公司的大量股票。

也是从那时开始，盖蒂连续购买了潮水石油公司的很多股票。每股的价格只有2.1美元。后来美国的市场逐渐复苏，潮水石油公司股票的价格也稳步地回升，并且还开始上涨。

没过几年，股票的价格又一次出现下跌。盖蒂看出这只是一个短期的回调，所以他不但把持住原有的股票不动，而且还趁机买进了更多的股票。后来，事实证明了盖蒂的想法是完全正确的，他购买的股票价值都增长了很多倍，同时也得到了很多公司的控股权。

1962年，纽约证券交易所的股票行情忽然迅速下跌。有几家大公司的股票价格在一天时间里下降了几十个百分点，这打破了三十多年来的股价下跌纪录。在这天结束之前，这些大公司的股票都在以它当年最高价格的一半左右发售。

受到纽约证券交易所的影响，美国其它的证券交易所的行情也都变得很不稳定。先是很多人都想把自己手中的股票抛出去，然后也有很多公司的股票价格开始呈现出下降趋势。

于是新闻媒体开始大肆宣扬这些事情，很快就有人写下了这样的标题：华尔街金融黑色星期一再次出现，由于经济市场崩溃，投资者一天损失上百万美元，政府担心经济危机将会重演。在当天纽约证券交易所行情变坏后，这事件很快就成为美国各大媒体的头版头条。

接着就有很多经济学家和社会权威人士对这种情况提出自己的见解，也对未来股市的发展方向做了一些预测，每个人都想找出导致这一事件的根本原因。但是他们之间的看法差别很大，有些人认为这种情况很快就会结束，经济会再次繁荣起来；另一些人则感觉这是新一次的经济危机，市场经济会变得越来越糟，直到再一次崩溃。

两天以后，有一家电台的记者来采访盖蒂。他们想知道盖蒂是怎样看待这件事的，还有他面对这次股价的波动会不会采取什么行动。美国很多著名的媒体，长久以来都有这样一种习惯，只要股票市场发生了一些不寻常的波动，他们就会去采访那些成功的企业家或投资者，听听他们的看法，然后再将这些人的意见整理一下发表出去。

盖蒂很坦白地表示，发生这种情况根本就不值得惊慌。因为不论是美国的整个市场经济，还是在美国各个交易所上市的众多公司，他们的体制基本上都很健全。从整体上说，现在市场经济的形势一直是在朝向有利的方向发展。更重要的是，美国政府还在逐步对市场体系进行完善，所以市场在将来只会变得更加繁荣。而在纽约证券交易所那几家股价下跌的公司，主要是因为他们的股票价格早就已经超过了股票本身具有的价值。再加上后来很多人也跟着盲目抢购，慢慢地才把那些股票的价格提高到了一种不合理的程度，所以才会导致他们的股票价格迅速下跌，这是一种很正常的现象，而且，经过这次股价的调整，美国的股票市场会变得更加健康，也更加合理。

　　盖蒂还告诉这些媒体，自己只会采取一种行动：迅速且大量地购买价格便宜的优质股票。在他看来，只要是聪明的投资者，都应该在这种时候购买股票。这是一个难得的时机，因为很多股票的价格都降到了一个谷底，而只要市场机制健全，它们的价格很快就会涨起来。

　　盖蒂最熟悉的就是石油行业，所以他买进了大量的石油股票。在纽约证券交易所股票下跌的那两天时间里，盖蒂让经纪人为自己购买了几万股的石油股票，他会一直持有这些股票。因为盖蒂购买股票就是作为一种投资，他相信这些股票会拥有越来越高的价值。

　　盖蒂在刚接触股市的时候，和很多新人一样，只知道跟着大多数人的意见去买卖股票。然而有一位很成功的经济学家给过他这样一个建议：当你看上一家优质的股票，就要在它价格尽量低的时候买进，然后就一直持有这支股票。你要学会观察股票整个局势的走向，不要局限于短时间的波动，尽量把眼光放得长远。记住，自己是一个投资者而不是投机者。

　　后来，在股市中，盖蒂一直按照这个建议进行着股票的操作。这也让他获得了难以估量的财富，还有很多大型公司的控制权，也为他后来建立商业帝国奠定了坚实的基础。

3. 爱上艺术品

盖蒂在进入石油行业以前，曾去很多东方国家旅行过，这些旅行让他收获颇丰。

在中国旅行的时候，盖蒂很清楚地认识到了中国人的性格。尽管当时中国还比较落后，但是盖蒂还是深深地感觉到了中国人天生的力量和气质。有一次，盖蒂到英国陆军元帅蒙哥马利家中吃午餐，他们两个就谈起了中国的未来。蒙哥马利元帅仔细地分析了一下中国人，然后告诉盖蒂："中国人的信念很强，而且他们总是会遵守诺言。虽然中国现在很落后，但是用不了几十年的时间，她就会变得很强大。"

盖蒂比较喜欢的另一个国家是日本，日本人的勤劳、节俭以及尽职尽责都给他留下了非常深刻的印象。几十年以后，盖蒂石油公司开始和日本的石油公司打交道。盖蒂对日本人很了解，他认为日本人是很好的合作伙伴。

盖蒂石油公司购买了日本很多公司的股权，因为他相信日本的这些公司生产出来的产品。盖蒂石油公司的一个油轮船队就是在日本的一家造船厂建造的。在很多商业领域，盖蒂和日本公司都有交往，而且也都进行得非常顺利。盖蒂和日本人成功地做成了那么多生意，是因为他觉得自己很善于认识日本人。更重要的是，盖蒂还会让日本人学习应该怎样去认识自己的公司，还有自己公司的经营方式和目标。

其实，在盖蒂的东方旅行中还有一个最大的收获，那就是他开始迷恋上对艺术品的收藏。当时盖蒂还很年轻，收藏艺术品的热情表现得还不怎么明显。那是在中国，盖蒂第一次见到中国古代的艺术品，他当时就被这些古代艺术品的精致和优美所吸引。盖蒂一下就买了很多象牙雕刻、铜器和漆器，他把这些都带回了自己美国的家中。虽然这些东西都很便宜，但是他一直都保留着。在盖蒂心中，就是这些东西激发了他内心对艺术品收藏的欲望，这些古老又廉价的中国艺术品对盖蒂来说，有着很特殊的意义。

在现在的社会中，如果有人非常讲究艺术美，那他就会很容易被认为是一个陈旧、落伍的人。对于盖蒂的这一爱好，很多人也并不理解，尽管如此，但艺术的美是永恒的，盖蒂不会去在乎别人是怎么看的，他已经深深地爱上了艺术品。盖蒂经常花很多时间去寻找一些自己喜爱的艺术品，然后把它们买回来收藏。

为了能够收藏更好的艺术品，盖蒂看了很多有关艺术品介绍的书籍。并且只要一有机会，他就会去参观博物馆和艺术展览馆，经常在这些地方流连忘返。盖蒂还向那些专业的权威人士请教，慢慢地，盖蒂也成了一名艺术品鉴赏家。

在学习了一段时间艺术品方面的知识后，盖蒂开始比较喜欢收集欧洲古代的艺术作品。他后来收藏的艺术品多数都是古代的油画、壁画、青铜器、雕刻等。当然，盖蒂收藏的艺术品里也有一些不属于这几类。收藏家都是这样，当他们看到一件自己非常喜欢的艺术品时，总是想把它放到自己的家里去。

盖蒂在收集这些艺术品时，也发生了一些很有趣的事。有一次，盖蒂想买一幅油画放在自己的卧室里，于是他特意到了苏士比拍卖市场。刚好那里就有一幅看上去还不错的油画要拍卖，价格是200美元，盖蒂觉得价格也可以，就顺便买下了这幅油画。后来，一位艺术界很有名气的朋友到盖蒂家里做客时看到了这幅油画。经过这位朋友的仔细鉴定，他断定，这是一幅意大利著名画家拉斐尔的油画作品《维罗夫人像》，当时至少价值100万美元。

除了工作，盖蒂很少会迷恋上其他的东西。但是他却完全迷上了收集艺术品，像是上瘾了一样。有一次，盖蒂觉得自己一段时间里收集的艺术品好像有点多，于是把这些艺术品拿出来，然后粗略估算了一下价格。盖蒂这才发现，自己在不到三个月的时间里，收藏的艺术品支出居然已经达到了三百多万。

巨额的花费也让他自己委实吃了一惊，盖蒂开始想要戒掉自己收集艺术品的瘾头。他以前就成功地戒掉过一次烟瘾，盖蒂很早就有吸烟的嗜好，后来，在意识到吸烟对身体的危害后，盖蒂凭借自己坚强的意志力成功戒掉了烟瘾。这一次，盖蒂也想靠自己的意志力来取胜，为了打消自己收集艺术品的欲望，他开始试着远离各种艺术展览馆、拍卖场和一些私下出售艺术品的人。但是，盖蒂的这些做法都没有效果，他还是能经常在别的地方，用其他方式购买到各种艺术品。

盖蒂在收集艺术品的时候，和一般人的做法不同。他从来不会局限于艺术品是哪个年代，或者是哪个人创作出来的。虽然盖蒂也把自己收集的主要精力和资金都放在固定的那几类上，但是却不会太局限，因为无论是哪个年代的，只要是比较出名的作品，他都会收集起来。盖蒂比较喜欢18世纪法国画家高更的作品，但是他一样会收集19世纪法国画家弗特里耶的画。

每件艺术品都具有自己的特色。布绥创作的缀锦画、16世纪的波斯地毯、古雅的大理石雕刻和古代意大利的铜盔，它们的价值都非常高。只要是具有一定的艺术价值，并且能够陈列在博物馆展览的艺术品，盖蒂都愿意把它们收藏起来。

盖蒂在刚刚开始收集艺术品的时候，他购买艺术品仅仅是作为自己的私人收藏，包括所有的油画、雕刻以及其他的一些艺术品。每次买下这些艺术品后，盖蒂都把它们送到自己加利福尼亚州的家里，这可是为他的家里增添了不少的光彩。例如盖蒂从法国买的10幅印象派画，有五幅挂在了客厅里，给他的家里带来一种很艳丽的色调。当然，盖蒂也有一些艺术品捐献给了艺术展览馆。

4. 聪明的收藏家

在盖蒂的心中，艺术品是一种比较理想的投资。因为几乎所有形形色色的艺术品，无论是珠宝、古董、当代名人的瓷器，还是字画、邮品等等，艺术品的价值这些年来都在慢慢地上升。这主要是因为艺术品拥有一种很特殊的价值，它是一种美的内在体现，会给我们带来一种精神上的享受。因此，有很多人去收藏这些艺术品。

刚开始的时候，盖蒂主要是因为自己的喜好，所以才会去购买一些艺术品。有　段时间，盖蒂在这上面花费巨大，因此也想远离这些东西。可后来，盖蒂逐渐发现，这些艺术品的价值都拥有很大的上升空间，还有另外一点，收藏艺术品不仅可以供人欣赏，带来美的享受，而且还能赚很多钱，于是他才决定继续保留这个爱好。

盖蒂收藏了很多艺术品，而这些艺术品的价格几乎都在不断地上涨，有的甚至已经翻了好几倍。在盖蒂四十多岁的时候，他买到了一张具有历史意义的波斯地毯。这张波斯地毯编织于1535年，是当时嗒普利兹国王送给伊斯兰教的一个礼物，一直保存了两百多年。这张匠心独运的地毯，被绝大多数人认为是现在世界上最好的两张地毯之一。有一位名叫詹姆斯的艺术家，在看过这张地毯后不禁感叹道："它的制造工艺真是太精湛了，真应该放在国家艺术展览馆里，让所有世人都能欣赏到。"

1910年，这张波斯地毯第一次出现在拍卖行的时候是被一位意大利的艺术家买走了，当时的价格是3万美元。大概过了10年，当这位意大利的艺术家把这张地毯转手卖给英国一位著名的收藏家都文爵士时，售价是6万美元。后来，这张地毯第三次出售的时候，被盖蒂用10万美元买了下来。盖蒂刚买下地毯没多久，就有人来和他开价，当时，埃及国王法鲁克想用25万美元来买这张地毯。不过，盖蒂谢绝了，他相信这张地毯将来会拥有更高的价值。

又过了10年，盖蒂把这张波斯地毯捐给了洛杉矶市艺术展览馆。在那时候，他们对这张地毯的估价已经达到了100万美元，几乎是这张地毯刚开始出售价格的30倍。盖蒂的眼光没有错，它的价格已经是当时法鲁克国王所出价格的4倍了。

盖蒂从来没想过去买一些大师的作品，理想的艺术品主要看的是作品本身，一件被赋予了生命的作品，绝对是一件艺术品。或许有些艺术品在某个年代不被认可，但是它们总会有被发掘的那一天。盖蒂经常会买一些自己感觉比较优秀的作品，他认为即使这些作品以后也不值什么钱，但能让自己欣赏到一种美就足够了。

有一次，盖蒂去纽约市的艺术品拍卖会上游览，见到了一些巴斯提达的作品。巴斯提达是一位西班牙画家，他一生创作了很多作品。但在他活着的时候却没有人欣赏他的画。盖蒂观赏了一会儿，觉得巴斯提达的画很有韵味，于是就买了10幅回去，而这些只花了他几千美元。几年以后，当大家开始真正欣赏巴斯提达的才华，关注他的作品的时候，盖蒂那十幅画的价格很快就涨到了十多万美元。直至今天，巴斯提达依然被认为是西班牙最伟大的几名艺术家之一，而盖蒂当初买的那十幅画的市价，已经涨到了天价。

盖蒂在最开始的时候，并没有想过一定要花很多钱去收藏艺术品。他认为收藏这种事，在很多地方，都有可能碰到这样的好机会：用非常便宜的价格买到出色的艺术品。盖蒂自己就碰到过许多次这样的情形——自己在某个拍卖会上买了一件不怎么起眼的东西，后来才惊讶地发现，原来那是某位著名艺术大师早已失传的作品。

一次，盖蒂在参加伦敦举行的一场艺术品拍卖会时看到一幅圣母玛利亚画像，这幅画已经破旧不堪。有一位服务人员告诉盖蒂，这幅画只是一位普通画家的作品，没什么价值，很便宜。虽然这幅画看上去脏兮兮的，但盖蒂还是很喜欢，觉得它有些像拉菲尔的作品，于是就用200美元的价钱买了下来。

回去之后，盖蒂想要把这幅画仔细清理一下，于是就把画交给了一家著名的绘画修补公司。那家公司在拿到这张画后，他们先是做了一下鉴定，结果出来后，那家公司的代表马上就给盖蒂打了一个电话，告诉他，送来修补的这幅画是拉菲尔的作品，是一件很珍贵的艺术品，他们公司的艺术品鉴赏专家也已经完全证实了这点。

盖蒂用200美元买到的一幅画，竟然是拉菲尔的著名作品"罗力院圣母像"，这张画的实际市价高达100万美元。转眼之间，它的价格就翻了5000倍。这种事情，多数发生在一些比较偏僻的艺术品商店或者是古董店，往往有一些艺术家的不太著名的作品会被人们所忽略，但这也需要一定的眼光。

很多人常常都会用一个比较合理的价钱，买到一些普通艺术家的作品。而盖蒂有时候会购买到那些很有才华，但还没有成名的年轻艺术家的作品。在盖蒂心中，一个艺术家不见得非要成了名，他的作品才有永存的价值。

在加利福尼亚的家里，盖蒂专门为自己的艺术品建造了一个储藏室。过了很长一段时间，他发现自己的收集品已经填满了整个储藏室。后来他有了这样一个想法，可以让大家一起来观赏自己的收藏品。盖蒂产生这种想法是很自然的，很多私人收藏家都知道这种情形：当一个人收集的艺术品达到一定的数量后，他就会觉得如果只有自己欣赏这些作品未免太遗憾了。盖蒂也是这样，他想将这些艺术品供给更多人观赏。

5. 盖蒂博物馆

判断一个社会人士是不是一位有涵养的人，主要是看他对艺术的态度。如果他热爱艺术，那么他就是一位有涵养的人，盖蒂一直都这么认为。不过，要是以这个标准来看，我们在街上遇到的人，估计会有一半以上都达不到这个水平。他们会因开发一片土地而砍下任何树木，不管这些树木有多古老、多稀少，他们也会去拆掉一幢美丽的古老建筑，不管这建筑拥有多高的艺术价值和历史意义。

不过，他们每次都会为自己的这种破坏行为找出各种解释，像是为了现代化或是为了解决一些社会问题等借口。但在盖蒂的眼中，这些人的行为都是不可饶恕的，他们已经成了和古代穿着树叶一样的野蛮人。

一个生活在社会里的人，在对艺术品产生了欣赏和喜爱的感情之后，就会慢慢地成为一个有涵养的文明人。盖蒂觉得，想要让人们欣赏和喜爱艺术品，首先要给他们一个接触和观看艺术品的机会，只有先接触艺术品，对艺术品有了一定的了解后，他们才会慢慢地爱上艺术品。这也是盖蒂想要把自己的收藏品提供给大众免费欣赏的一个重要原因，他认为这也同样是为社会做的一种贡献。

于是加利福尼亚州多了一家私人博物馆——保罗·盖蒂博物馆。这个博物馆建在盖蒂家的旁边，是一幢独立的楼房。盖蒂把自己以前所有的艺术收藏品都拿了出来，几乎填满了那幢博物馆。当然，那时候的盖蒂博物馆规模还不大，盖蒂想先看一下博物馆的效果。因为是免费供大众参观，很多来加利福尼亚州的观光客都会到这里来游览一番。盖蒂博物馆虽然不大，但里面收藏的艺术品非常全面，在当时美国西部的所有博物馆，没有一家能够比这里收藏的艺术品齐全。

大家对盖蒂博物馆的热爱程度，让盖蒂感觉非常满意。从博物馆一开放，来这里参观的游客就格外多，而且人数还在日益增加。盖蒂决定继续增加博物馆的收藏品，在他又买进一批收藏品后，博物馆原来的展览空间就不够用了，他们又新建了一个展览走廊，但是很快也被填满了。

在这个时候，盖蒂博物馆管理机构的人员，给盖蒂提供了两套解决方案：一是要继续扩大博物馆现有的展览厅，不过容量不会变大太多；二是给博物馆建一幢新的建筑，但可能花费会比较高。由于这一笔钱都需要盖蒂来付，所以管理员将抉择权交回给了盖蒂。

盖蒂仔细地想了一会儿后，给管理员一个回复：建一幢新的建筑。不过，盖蒂还告诉他们："现在博物馆的建筑方式没一点特色，和普通的楼房没太大区别。如果把博物馆的新楼房还建成那样，就别指望我会付账。"管理机构的人员听了以后，马上就明白了盖蒂的意思。他是想要新博物馆拥有独特的风格，这样博物馆这幢建筑本身就是一件艺术品。

很多人都认为，在商场上盖蒂是一位聪明狡黠的商人，他从来都不会放弃属于自己的任何利益。但无论别人怎样认为，盖蒂在建设这座新博物馆时，表现得非常大方。他不仅为博物馆提供了所有的展览品，还支付了博物馆整幢新楼房的建筑费。并且在博物馆开放后，所有的维护费用也全部由盖蒂支付。据一些专家估计，盖蒂放在博物馆里的那些收藏品，至少价值两亿美元。这也充分说明了他并不是很多人口中说的那样，是一个利欲熏心的人，否则他又怎么会把那么一大笔财富捐出去。

以前也有很多名人把自己的收藏品捐献给国家，但他们都认为，既然我负责捐献，那么展览这些收藏品的博物馆就应该由政府来建造和维护，而且博物馆里每个工作人员的薪水，也应该由政府来负责。他们都曾明确表示过，要是这些都做不到，自己就会把收藏品捐到别处去。

当时，很多城市的博物馆都希望能获得盖蒂的这些收藏品。如果他也提出那些条件，相信这些博物馆也都会同意。盖蒂只需要对他们宣布自己的条件：按照自己的计划建造一座博物馆，并由政府支付一切花费（包括维护费用和工作人员的工资），他把自己的收藏品捐到博物馆里，这样一切就解决了。如果盖蒂这样打算，肯定会为他省下很多钱，也能更加省心。

不过，盖蒂有自己的考虑。他想要免费供大众参观这些收藏品，不仅是不收门票，最好还能提供免费的停车场。如果交给一座城市建立的博物馆来管理这些收藏品，那就不一定能保证是完全免费开放给大众的了。因为好多联邦政府管理的博物馆，仍然是收门票的。盖蒂选择这么做还有一个原因：当时还没有任何一座博物馆（包括收费的）会为参观者提供专门的停车场地，更不用说建造一个免费停车场了。

盖蒂会这么做和他早年形成的思想有很大关系。他在年轻时候就一直认为：送给别人的礼物，就是自己想要拿出去的东西，不应该附加任何条件。否则的话，就变成了一次交易。而且盖蒂要是担心钱的话，完全可以卖掉这些收藏品。他收藏的每件艺术品，都比当初购买时候的价格高出许多（有的已经高出原价很多倍），显然，如果那么做的话他就会赚到一大笔钱。但盖蒂从没有那么想过，不是因为他富有，而是因为他是发自真心地热爱艺术。

建造一幢大型博物馆，当然也不便宜。整座盖蒂博物馆的建筑完成后，盖蒂大致算了一下，这座壮丽的博物馆花掉他将近两千万美元。博物馆开放以后，仅仅是博物馆的维护费用（不包括艺术品的维护）每年就要再用去一百多万美元。但盖蒂觉得这些钱花得很值，他知道自己做的这件事非常有意义，是为整个社会增添了一道亮丽的光彩。

盖蒂曾经说过：每件艺术品里都有灵魂，当你体会到的时候，就会深深地爱上它。

第七章　世界首富的烦恼

1. 来要钱的信

盖蒂在艺术品上的慷慨无私，还证明了一件事：他很富有。后来，著名杂志《富豪》评选盖蒂为"世界第一富豪"，其他的一些媒体也都开始报道关于盖蒂的事情，有几家杂志还刊登了盖蒂机构下属的所有企业，以及萨顿庄园的详细情形，于是几乎一夜之间，所有人都认识了盖蒂。

媒体对名人做一些适当、真实的报道，本来也没有什么不对。但是他们大多数都会专门谈到盖蒂究竟有多少钱的问题，并且都认为盖蒂是世界上最富有的人。这就让盖蒂面临了一个很麻烦的问题：每天都有成千上万的人给盖蒂寄来几十到几百封信。别说全部回信，就是要他全部看完那些信都不可能。这些信中，有的长达十几页，有的字迹很潦草，这都给回复增加了难度。而且盖蒂还有自己的工作要做，他需要去管理整个家族企业。

特别是萨顿庄园的大致情况透露出来后，在那一年时间里，盖蒂每个月都会收到几千封信，而来信的人绝大多数他都完全不认识。这些人来自各种地方和行业，但目的几乎都一样，就是要求盖蒂给他们一些钱。因为他们都只知道一件事：盖蒂是"世界上最富有的人"。

他们要的数目有多有少，一般是只要几千美元，也有少数人要几十万美元。不过还曾经有人要了一个破天荒的数目，想让盖蒂给他汇过去两亿美元。他建议盖蒂一起合作开一条运河来和巴拿马运河竞争。运河完成后,他们两个共同分享利益。

还有一件事让盖蒂感觉非常吃惊。有一些来信要钱的人,他们会坦白地告诉盖蒂,实际上他们并不缺钱,写信来要钱主要是因为盖蒂钱太多,他们也想分一点。有一个美国人就曾经给盖蒂写过一封这样的信:他告诉盖蒂,自己三十多岁,有一份收入很好的工作,但他已经厌倦了这种平淡的日子,想要休假两年,去世界各地游玩一番,大概需要7万美元,希望盖蒂能够寄给他。

盖蒂在第五次离婚后,就一直没有再结婚。于是还有很多女士给盖蒂写来求婚信,其实这些人都是冲着他的钱来的。她们都表现得非常直率,有一位美国宾夕法尼亚州的女士寄来一封这样的信:亲爱的盖蒂先生:我刚刚看到一篇报道,说你第五次婚姻又结束了,你这个年龄需要有人照顾了。我的大女儿刚满十八岁,她已经连续赢得了两次宾夕法尼亚州的选美皇后,还很擅长跳舞。我认为她会成为你的一位好太太,她也觉得自己能做到这一点。而你只需要每个月给她一万美元,给我五千美元……

盖蒂每天都会收到上百封这样的信,仅仅是搞清楚这些信的内容,恐怕就要耗费巨大的人力物力。而这些人提出的要求,就算是一个国际大财团也满足不了。盖蒂大概统计了一下,有几个月份里,这些人要的钱财都超过了一亿。

和很多成功的商人一样,盖蒂也会收到很多商务上的信件,盖蒂几乎每天都要花七八个小时的时间来处理这些信件。如果他不这样做,那么盖蒂机构就不能正常地运营,而公司里很多人的生活就会陷入困境。面对这种情况,盖蒂只有用事先印好的信回复他们。

盖蒂让公司里的人印了两种内容的回复信。一种给个人，另一种给机构，只要是他不认识或不想交往的，就直接给他们这类回复信。因为收到的信来自不同的国家，盖蒂又用很多种语言印了这些回复信，所有的信都用来信本国的语言回复。

回信是这样说的：我很抱歉，没有能用更多的时间和精力来处理你的来信。以前，我也和很多人一样，认为能收到来信确实是一件值得高兴的事，我会认真地回复每一封信。但现在我的工作太多了，实在没有时间去仔细地阅读所有的来信。这一点我也觉得非常遗憾，还希望你能见谅。我要再说一次抱歉，因为我没能提供给你需要的帮助。

这样的回信，每个月都要寄出好几千封。盖蒂也知道，很多来信的人写的都是真实的情况。如果他们只是很少一部分人，盖蒂肯定也会愿意尽全力帮助他们。但是由于来信的人多不胜数，就算所有人的情况都是真实的，盖蒂也无能为力。如果对所有人都给予援助，无论多少财富，也会在很短的时间内就消耗殆尽了，而且还需要运营一个很大的机构。

欧洲和北美的很多报纸、无线电台和电视上，都对盖蒂进行过详细的报道，而其中大部分都在谈论着他到底有多少钱。很多人在看到报道后，就认为盖蒂的这些财富大部分都是现金。他们都应该仔细想一下，盖蒂是一名非常喜欢投资的商人，他的钱几乎都已经用在了自己的事业上，个人是不可能会留下那么多钱的。

况且，一般喜欢投资的商人总是比较缺钱的，他们需要管理和发展自己的事业。这也是为什么世界上大型的商业机构也常常要向银行贷款，他们贷款并不是为了证明自己可以从银行借到钱，而是因为他们的资金确实经常不够用。盖蒂也是一样，盖蒂机构也经常需要大量的周转资金，而他又尽量不去银行贷款。所以他的家族产业虽然很庞大，但他手头上的现金却一向没有多少。

其实有很多富豪都遇到过类似情况，只要是一些媒体对他们的财富进行报道后，就会有大量来信要钱的人。这些富豪中很多人从来都不回复这些信，他们认为回复这么多信，是在白白地浪费时间。不过，盖蒂觉得如果有可能的话，还是应该给每一个人回信。因此他专门成立了一个小部门，要他们尽可能地阅读大家寄来的信，并且诚心回复这些信。

2. 自主的募捐人

有一些募捐机构也会写信向盖蒂要捐款，盖蒂对这些还是比较重视的，一般都会派人去调查一下。如果事情有偏差，盖蒂就会让自己的秘书给他们回一封信："盖蒂先生已经收到您的来信，很感谢您的机构对我们的信任。盖蒂先生虽然明白您在信中所表达的意思，但他还是很抱歉不能给您提供帮助。请您相信他这样做，并不是对您在信中所说内容的怀疑，而是因为做任何事情都需要有个限度。

"我相信您也知道，盖蒂先生经常收到来自世界各地募捐机构的信件，他不可能答应所有机构的募款请求，也不能只答应某一家机构的募款请求。因此他早已用自己的方式，来表达对整个社会的关爱，并且把资金都捐给了他所熟知的一些慈善机构。对于您的事情，盖蒂先生觉得非常抱歉，希望您能够谅解。"

许多富豪都是一样，他们都会根据自己的能力，给自己信任一些的慈善机构捐款，这些机构多数都是他们喜欢的公共事业。盖蒂也经常捐款，而且他每年都会参加很多慈善活动，特别是一些声誉很好的慈善组织举办的活动。有一年，盖蒂参加一家儿童慈善机构举行的募捐会，他代表公司给这家机构捐赠了一亿美元。

有关盖蒂在慈善方面做的事情，他很少和别人提起。盖蒂觉得自己究竟为社会捐了多少钱，和别人完全没有关系，只要他自己尽力去做就行了。盖蒂曾经说过，在自己死后，他的大部分财产都会捐献给慈善机构。

在给慈善机构捐款这方面，盖蒂一直都是按照自己的想法来做的。当有些陌生的慈善机构来寻求帮助时，盖蒂有时也会答应。但是，如果这些机构的人员有让盖蒂感到不满意的地方，他会马上停止对他们的资助。

有一次，美国一所大学的负责人来见盖蒂，请求他为学校捐赠十万美元为学生购买一些健身器材。盖蒂知道这是一所名声还不错的大学，就同意了那个负责人的请求。这所大学在收到盖蒂的捐款以后，他们的负责人认为，既然盖蒂信任他们，那以后肯定还能够从盖蒂那里得到更多的财政支持。经过一番商议后，他们决定再去找盖蒂要一大笔捐款。大概三个月后，他们派出代表团再次去会见盖蒂。

他们对盖蒂说："我们想为学校建造一座实验大楼，据估计需要一千多万美元，这是报告和计划书，您看能不能帮我们出这笔钱……”

听了之后，盖蒂直接拒绝了。他不仅不会再为这个学校捐一分钱，而且还为先前捐给他们的十万美元感到深深的遗憾。那笔钱完全可以捐到别的地方，做更好的事情。不是盖蒂不喜欢那个学校，而是对学校负责人的这种心态非常失望。

首先，盖蒂很讨厌贪得无厌的人。其次，盖蒂大致算了一下，这个学校的代表团从美国来到英国的花费，再加上准备报告和计划的费用，总数不会少于两万美元。换句话说，盖蒂以前给这所大学捐的钱，有五分之一很快就被花掉了，而且没有起到任何作用。

这样的事情，只要想起来都会让盖蒂觉得很不高兴。但是还有一种事情，让盖蒂更加讨厌，这种事情大多发生在有钱人身上。这些人并不是为自己要什么东西，但是他们都有自己喜欢的学校、医院、基金会等一些社会机构，他们主要是为这些机构募钱。这些人中有千万富翁，甚至还有亿万富翁，他们都认识盖蒂。见到盖蒂后，他们会非常亲切地和他打招呼，然后告诉他，自己代表某个机构，想让盖蒂捐一笔钱。

在美国，曾经有一位商界的朋友来找盖蒂，这位朋友在美国也是一位很显要的人物，是南加州大学的名誉校长。他要求盖蒂资助南加州大学一千万美元来为这所大学增设一个“艺术教授的职位”。盖蒂告诉他自己没那么多钱，不能去帮助他。这位朋友很生气，认为盖蒂太小气了。

其实，是盖蒂的这位朋友不知道，就在那个时候，盖蒂已经准备为艺术投入大笔的资金了：计划在南加州为公众建立一座免费的艺术博物馆。建筑需要的所有花费完全是由盖蒂来支付，后来有人统计了一下，仅建成这座博物馆就耗费了两千多万美元。博物馆里所有的展览品，也全是盖蒂收集来的，据估计，那些展品就价值两亿多美元。

盖蒂甚至想告诉这位朋友自己的计划，然后再问他是否愿意为这个计划分担几百万美元，也算是为了能够推广艺术，让艺术走向大众化做的一点贡献。但是盖蒂没有这么做，因为盖蒂既不缺资金，也不想对他解释什么。过了一会儿，这位朋友确定盖蒂不会为他提供他所需要的资金，就愤愤地离开了盖蒂的家。

面对这些人的提议，盖蒂一向都是直接拒绝。他们不但要求的捐款数量很大，而且态度还比较强硬。在慈善捐款方面，盖蒂一直都遵循着自己的原则。他能很好地约束自己，从来都不会要求自己的朋友为自己喜欢的慈善活动捐款。当然，盖蒂也很少会接受朋友们的这类捐款请求。在和自己的朋友提到捐款时，盖蒂有一个坚定的立场：我们所有人都应该尽自己的能力，去为我们自己的目标做贡献。

在盖蒂心中，募捐就是每个人尽自己的能力为社会贡献的一份力量，我们可以根据自己的爱好选择自己喜欢的那一方面。盖蒂的钱财多数都捐给了博物馆和学校，他认为艺术和教育能让社会变得更加文明，花再多钱也是值得的。

3. 面对谣言

和许多名人一样，盖蒂成为公众人物之后，到处都流传着关于他的谣言，当然大多数都是子虚乌有的事。盖蒂很少去管这些事情，只要不影响到自己的正常生活，他觉得这些人随便编一些故事也没什么关系。

1951年，盖蒂就定居到了欧洲，以后再也没有回过美国。但是在美国的报纸上，经常会有报道称，盖蒂出现在美国的某个城市。有一家纽约的媒体专栏上就出现过这样的报道：保罗·盖蒂今天来到了纽约市，为他自己写的新书做宣传。其实，当时盖蒂正在萨顿庄园里和船王谈生意。

事实上，把盖蒂放错地方的人，并不只有媒体的专栏作家。有一位意大利著名作家凯尔·卡梅隆，也做过类似的事情。她写了一本书——《露丝·肯尼迪传》，书里用了一节的内容详细描述了在威尼斯举行的一场盛大的舞会。卡梅隆列出了许多参加舞会的客人，其中就有保罗·盖蒂的名字。不仅如此，这个作家还提到了盖蒂与卡洛·孟诺以及理查·波顿亲切交流的情形。

看到自己出现在这本书里，盖蒂觉得非常荣幸，卡梅隆那本书的内容写得确实精彩。而且卡洛·孟诺和理查·波顿都是盖蒂的朋友，他们之间的私交也的确很好。但是有一点比较遗憾，那就是盖蒂并没有参加那次舞会。事实上，在舞会举行的时候，盖蒂根本不在意大利，更不用说去威尼斯参加那场舞会了。

当然，关于盖蒂事业上的谣言也很多，因为他是先在事业上获得了巨大成功，然后才被大家认知的。霍华德·休斯是盖蒂的一位好朋友，他们在很多生意上都有交往和合作。休斯经常来到萨顿庄园找盖蒂，他们之间偶尔也会举行一些比较隐秘的会议。于是就有了很多关于他们两个人之间关系的各种传言。有人说，这么多年，主要是因为休斯的财政支持，盖蒂的事业才能发展到现在的地步；而也有人认为盖蒂才是真正的幕后人物。而盖蒂和休斯真正的关系，只是因为他们在生意上很合得来。

纽约市华纳旅馆是盖蒂的一个产业。关于盖蒂为什么要买下这个旅馆，也有一个传言：有一次盖蒂住在这个旅馆里，他对这里的服务很不满意。因此，盖蒂给这里的老板开了一张支票，买下这家旅馆，好把旅馆里所有的服务人员都撤掉。盖蒂听说后，笑着说道："我要是办事这么草率的话，恐怕早就破产了。"

实际上买下华纳旅馆，并不是盖蒂一个人的决定，而是公司的决定，而且这笔生意经过了近一年的商谈才成交。在买下这个旅馆之前，盖蒂从来没有在这家旅馆住宿过。谁都该知道，商人买下一个产业是为了赚钱，而不是为了发泄自己的愤怒情绪。

在生活上，也有许多关于盖蒂的谣言。仅仅在饮食习惯一项上，就有很多种说法。有人认为盖蒂是一个素食主义者，也有人说他是一个什么都吃的暴食者，还有人觉得他只会吃世界上的各种珍馐美味。其实，真正的盖蒂对饮食没什么讲究，对他来说，只要吃得健康就行。

盖蒂的很多朋友都知道，盖蒂比较喜欢吃水果，而且每次都会吃很多。偶尔还会一天只吃水果，不吃别的食物，他知道这会让自己的身体更健康。但是，他绝对不是一名素食主义者，平时的午餐和晚餐，他经常吃烧鸡、牛排、烤鸭等各种肉类。

盖蒂每天早晨吃的就比较少，一般只喝一杯果汁或牛奶。他平常吃东西时都很注意，基本上都不会吃得过饱。当然，碰到自己喜欢吃的食物时，盖蒂有时候也会吃得稍微有点多。但在感觉胃有些撑时，他也会停下来，出去散散步。而且在进餐之前，他通常都会喝上一杯酒开胃。显然，盖蒂用餐上也很注意，并不是人们传言中那样，是一个暴饮暴食的人。

当然，盖蒂也喜欢吃各种各样的山珍海味，可他不会只吃这些东西，最常吃的还是自己家的厨师做的家常菜。在萨顿庄园，盖蒂的卧室旁边就是一间小厨房，他经常用厨房里的材料做出一些酱，然后在冰箱里取出一块牛肉饼，为自己做烙饼或汉堡肉饼这些很普通的东西吃。在矿井工地上，他也常常和工人们一起吃大锅饭。

盖蒂是一个注重健康饮食的人。在知道麦芽是一种有益于健康的食品后，盖蒂就买了很多麦芽，每次在家里吃饭的时候，他都会在自己的饭菜里加入一些麦芽。就连他去朋友家里吃饭，甚至也会带一些麦芽和朋友们一起分享。以前，有位营养师给盖蒂提过一个建议："用餐时，吃大半饱最好；喝酒时，只喝到酒量的一小半就行了。"盖蒂一直在这样做，所以身体很健康。虽然他每天都为事业操劳，身体却没有出现过什么毛病。

还有一个与盖蒂有关的传言，是说盖蒂平时一直都板着脸，几乎没有对别人笑过。这根本是胡说，盖蒂非常喜欢笑。每天早上起来的时候，盖蒂都会对着镜子给自己一个微笑。

和朋友在一起的时候，只要发生比较有趣的事，盖蒂都会笑，有时还会开怀大笑。但是，在很多公共场合，他就尽量保持着一种比较严肃的态度。生活经验告诉盖蒂在许多社交场合要小心谨慎，除非是和自己熟悉的人在一起，否则他是不会放松对旁人的戒备的。

曾经有摄影师告诉盖蒂："先生，我给您拍张照，麻烦您笑一下。"当时，盖蒂没有当回事，就配合照了一张相。结果，很快就有媒体把这张照片登在报纸上，还在照片下面写了一行字：世界亿万富豪保罗·盖蒂又发现了新宝藏，看他的样子多么高兴。

社会上的大多数人都对富豪感到很好奇，这是很正常的事。但却不能凭空去猜测和杜撰他们的生活、家庭、事业。盖蒂在中国旅行时，曾学到过一个针对谣言的好方法，叫清者自清。盖蒂几乎没有去澄清过任何谣言，因为他相信绝大多数人还是很明事理的，根本不需要解释。

4. "吝啬"的富翁

有关自己的故事究竟有多少，盖蒂也不知道，而且知道的故事，大部分也早已经忘记了。不过，有一些故事盖蒂还是记得很清楚。这样的故事一般都很有意思，流传得也非常广泛，被许多人反复提起。这些人喜欢这些故事还有一个理由：世界上最富有的人，有时候也很吝啬。

有一个故事特别出名，那就是"十先令轧马路"的事。故事情形大致是这样的：有一次，盖蒂邀请一位朋友共同参观一家新建成的博物馆。两个人在下午五点五十分来到了博物馆门口，盖蒂去售票处买票。来到售票亭，他们发现旁边挂着一块木牌子，上面写着：下午六点钟，票价降低百分之十，每张票便宜五先令。换句话说，他们只要再等十分钟，两人的门票就会便宜十先令。看到这张牌子，盖蒂从售票口走了出来，告诉自己的朋友："天气还挺好，我们先去散散步吧。过一会儿再来，还能省下十先令。"朋友无奈地看了看盖蒂，只好先和他一起去轧马路了。

事实上，这个故事表明盖蒂拥有节俭的品格。当然，有些媒体更喜欢用"吝啬"来评论他。盖蒂完全不介意，他很高兴地承认，这个故事确实是真实的。当时，他和朋友都有充足的时间，天气也很好，本就很适合散步。而散步的同时还能省十先令，我们为什么不那么做呢。

为了表明自己这样做很合理，盖蒂还举了一个例子：我们很多人都遇到过这样的情形，去超市买一件不太急用的生活用品，商店标明两天以后会有一次大减价了。这时候，几乎所有人都会两天以后再来购买。只是因为盖蒂是一位大富豪，为了省十先令拉着朋友去散步，让我们觉得有些不可思议，但这两件事情的道理是一样的。

还有一件比较出名的事情，成为了许多人闲谈的话题：盖蒂曾经给萨顿庄园装了一部投币电话。这件事情曾经也轰动一时，很多家报纸都用了很长的篇幅来报道这件事，有一家报纸写出了这样的标题：石油大亨保罗·盖蒂是一个吝啬鬼，他在自己那宫殿式的萨顿庄园里装了一部投币电话。

确实有一段时间，盖蒂在萨顿庄园里装过一部投币电话。这部电话在底楼一间靠近楼道的小房间里，就装在了门旁边的墙上。在那间小房子的门口，还挂着一块上面写着"公用电话"的木牌子，字还是用醒目的红色油漆写上去的。

盖蒂后来透露，当时还有一点是新闻界不知道的。萨顿庄园所有部门的普通电话，差不多有半数以上都装上了锁。只有盖蒂机构里的一些特定员工（管理和清扫人员）和内部职员才拥有钥匙。但这些装了锁的电话，还有那部投币电话，并没有在萨顿庄园里存在太长的时间。大约过了一年，除了那部投币电话，其它带锁的电话全部都拆掉了。虽然这些是事实，但也一定是因为有特殊的原因才会这样安排，盖蒂还不至于因为小气才这么做。

后来有人特意问过盖蒂，到底是怎么想到要在萨顿庄园里装一部投币电话的，盖蒂这才说出这件事的原委。盖蒂先向他澄清一点，萨顿庄园并不是自己的私人庄园，而是盖蒂机构的一个产业。因此，萨顿庄园实际上是属于盖蒂机构的股票持有人。而自己作为盖蒂机构的首席执行官，需要保护股东的利益。

萨顿庄园成为盖蒂在欧洲的联络中心后，每天都会有大量的人员流动。有很多专程来拜访自己的商界人士，也有来工作的工人，还有送产品来的店员，人员很复杂。当时，萨顿庄园的管理还不完善。有一段时间，萨顿庄园的电话费一直往上涨。原因很明显，萨顿庄园里每一间房子都有用来和外界联络的电话，每一部电话都可以打长途，有一些甚至还可以打越洋电话。当然，电话费全是记在萨顿庄园的账单上。

所以很多人都会利用这个免费的机会，他们用萨顿庄园的电话来和远方的亲戚及合作伙伴联系。因为不是自己出电话费，所以他们经常会在电话里长时间地闲聊。有的人打一次电话就可能花掉上百美元，这就大大增加了萨顿庄园的话费支出。

阿尔伯特是负责管理萨顿庄园的经理。在计算庄园的支出时，阿尔伯特发现电话费这一项涨得非常厉害，他马上把这种情况反映给了盖蒂。盖蒂召集萨顿庄园的理事开了一个会议，后来他们就拿出了这一解决方案：在每一部闲置的电话上都装一把锁，只给庄园的内部人员提供钥匙。然后在底楼装一部投币电话，以供外来人使用。于是就有了这部轰动一时的投币电话，但这是盖蒂他们没有想到的。

一年以后，萨顿庄园的管理慢慢变得正规化了，而且庄园里的人流量也开始渐渐地减少，各种设施都有专门的人员管理，不会再有人胡乱使用。于是萨顿庄园里所有上锁电话都被拆掉了，那部投币电话也被废弃了。

但是，这部电话的故事并没有结束。萨顿庄园每年都会对大众开放几次，多数都是为慈善机构举办一些活动。每次举办活动时，萨顿庄园里都会接待上万人，他们也都会参观一下这座庄园。据一些警卫说，在这些参观者中，差不多有1/5的人，对于展览的艺术品没有什么兴趣，反而常要求去看一看那部"投币电话"。

盖蒂虽然喜欢享受舒适和豪华的生活，但是他也尽量不让自己浪费任何金钱。对于盖蒂机构的资金，他更是能省则省。要是有人称盖蒂是吝啬鬼、铁公鸡，他从来都是一笑了之。不论别人说什么，盖蒂都不会改变自己的消费方式。有些人喜欢所有奢侈的消费，只为了显示他们很有钱。像这种情形，盖蒂在二十多岁时就已经尝试过了。

5. 节俭的生活

似乎大多数人都相信有钱人还有一个共同的特点：付小费都特别小气。当有关于盖蒂不想付小费的谣言流传时，很多人就认为这是真的。有一段时间流传着蒂在旅馆消费时，不论账单上是多少钱，他只给十先令的小费。

其实，这完全是无稽之谈。盖蒂在付小费的时候，一般都比较大方。只有服务很差的时候，他才会给很少的小费，然后对他们说明原因。每次盖蒂到饭店、旅店和俱乐部消费的时候，他支付的服务费大约会占自己账单的1/6。盖蒂通常会再留下服务费的一半以上作为服务员的小费。当然，如果服务让盖蒂非常满意，或者他对服务员有一些额外要求，那么就会再多给一些小费。

不过，盖蒂怎么做都避免不了流言的出现，就是因为他太有钱了。后来，有家杂志发表过一篇文章，上面仔细地分析了盖蒂这种情形：保罗·盖蒂，一位拥有"世界首富"称号的人。他生活过得很好，可以享受到不计其数的特权与奢华，但是却很难赢得大众的好评。如果他花钱很大方，别人就会指责他是一个既浪费又爱炫耀的人。如果他生活得非常节俭，别人又会说他非常吝啬，是一名可怜的"守财奴"。

所以，即使是盖蒂给小费这种平淡的小事，也会成为人们议论他的话题。如果盖蒂给的小费比别人多，人们就会指责他在炫耀自已有钱。如果他和别人给的一样多，那么人们又会说他太小气，那么有钱的人也不多给一点。这种情形使得盖蒂要处处小心，心存戒备。有钱是一件好事，但一个人拥有的金钱越多，他在社会里处事的情形就变得越复杂。有时候，这种事情甚至会给他的朋友也带来烦恼。

有一次，盖蒂的一位作家朋友专程来伦敦拜访他。两人在一家豪华饭店里边吃边聊，在账单拿来的时候，这位作家朋友坚持由自己付账，盖蒂只好无奈地同意了。后来这件事就传到了新闻界，纽约《新闻周刊》杂志社竟然专门派出一位知名记者，前去访问盖蒂的这位作家朋友，那名记者问："是盖蒂先生硬把账单塞给你的吗？"

"当然不是，是我自己抢着要结账。能够替世界上最富有的人付账，我觉得是一件很有趣的事。"盖蒂的朋友回答道。很快，《新闻周刊》杂志社就如实把盖蒂这位朋友的话报道了出来。然而随着很多人的传播，这件事情的真相被一再地扭曲。最后竟然出现了这样的报道：世界第一富豪保罗·盖蒂，在一家豪华的饭店里，强迫特地访问自己的作家来为他付账……

无论别人怎么说，盖蒂用钱一直很谨慎。小的时候，他常听父母教育自己"节俭是一种美德"。在那个年代，还没有分期付款、信用卡这些东西，人们都有一定的存款，用来应对意外的发生，所以盖蒂也慢慢地养成了节俭的习惯。

但有一段时间，盖蒂花钱很浪费。在盖蒂还很年轻的时候，他很快赚到了自己的第一个百万美元。接下来两年多的时间里，他享受了很多豪华奢侈的东西。先是买了一艘一百多英尺长的游艇，盖蒂认为，游艇可以象征一个人了不起的社会地位。当然，游艇的主要作用还是游乐，盖蒂把游艇当成自己社交、运动和喝酒的俱乐部。后来，盖蒂的游艇换了好几艘，也变得越来越大。最后购买的那艘游艇有两百多英尺长。

当盖蒂重新投入到工作中的时候，因为事务繁忙很少再去游艇上玩。有一天，当他再登上这艘豪华游艇去游玩的时候，才发现游艇太浪费钱了。盖蒂仔细算了一下，如果把平时游艇的维护费用算起来，他为了游玩一天需要花掉几千美元。而如果能把这些钱用到公司里的发展上，那就足以给自己的石油公司租下一艘越洋大油轮，于是盖蒂马上决定把游艇卖掉。两个月后，法国一位有名的媒体主编买走了这艘游艇。从那以后，盖蒂再没有买过游艇。

当时，盖蒂的另一个爱好是玩汽车。他的汽车通常都是最昂贵的。那段时间，只要有新的豪华汽车上市，他就会第一时间买下来，把自己原来的汽车换掉，根本不考虑原来那辆汽车使用了多久。这种情况也在他工作之后就没有了。

住进萨顿庄园后，盖蒂一共买了两辆卡迪拉克汽车。一辆是1969年型，另一辆是1960年型。这两辆汽车盖蒂都用了十几年了，他一直没想着再换新车。因为这两辆车现在看起来还比较新，开起来也非常舒适。而且里程表上显示跑了还不到三万英里，显然还可以用很久。盖蒂要是把他们换掉，只会白白地浪费几万美元。

所有人都喜欢享受舒适和豪华的生活，盖蒂也一样。但是，他不会过分地花钱，只要生活得舒适就可以了。盖蒂喜欢把所有的钱都投在事业和艺术上，他投资了两千万美元来建设一个博物馆，而不会用这些金钱去买游艇。他每年都为油田购买几十套钻井设备，而不愿意把自己那两辆老汽车换掉，更何况还有很多他支持的慈善机构都缺资金。

盖蒂很清楚：与其过奢华的生活，还不如节俭一点，把省下来的钱都捐给那些急需资金的机构。换辆新车也就几万美元，虽然这些钱对盖蒂来说是个小数目，但是很多慈善机构却都需要这样一笔钱。比起买车，盖蒂更愿意把这些资金捐给他们，让他们去做更有意义的事。

第八章　一生的牵绊

1. 快乐的朋友们

住在萨顿庄园里，盖蒂常常会想起自己在美国的岁月，那是一段温馨且快乐的日子。因为盖蒂有太多的感情与美国难分难舍。而且随着年龄的增长，盖蒂更加怀念以前美好的人和事情，特别是他在电影界的那些朋友。在美国，盖蒂的大部分时间都住在南加州，他家又距离好莱坞非常近，所以经常接触一些好莱坞的电影业人士，渐渐就认识了很多从事电影行业的朋友。

20世纪30年代，美国加利福尼亚州的许多石油勘探者，几乎都和电影业的人士有所接触。这主要是因为，当时的石油业和电影业是加利福尼亚州从业人员最多的两个行业。而且，它们也是加利福尼亚州最能创造财富的两种行业。

这两个行业有很多相近之处。首先，行业里的成功人士，都非常富有，他们的住宅区和平时消遣消费的地方也很相似。还有，这两种行业的人，他们命运的起伏都比较大。只有敢冒破产危险的人，才能取得重大的成功。有一次，盖蒂和一位电影业的朋友在海边晒太阳，那位朋友对盖蒂说："虽然我们不是一个行业的，但命运却都是一样：成功了，就是一个大富翁；失败了，就会彻底破产。"

有时候，电影业的人和石油业的人也会进行生意上的合作。但大多数都没有成功过，盖蒂就碰到过这样的情形。有一段时间，美国原油的价格上涨，南加州迎来了新一轮的石油开采热潮。有一位电影制片人来找盖蒂，他想要和盖蒂合伙成立一家公司，趁着当时石油业正处在一个辉煌时期，把自己的资金拿来投资经营石油。可盖蒂不同意，因为他已经看出，油价马上就会停止增长，再过一段时间，还有可能会降下来。可那位制片人不听盖蒂劝说，仍然坚持要这么做，盖蒂最终还是答应了他，两人共同出资五百万美元成立了一家小石油公司。

这个公司开始在南加州钻凿油井，很快就获得了一些成功。但是与盖蒂合作的那位制片人根本对石油行业一无所知，他总认为盖蒂没好好经营公司，因为现在石油行业这么景气，而他们每天却连几万美元都赚不了。后来，他经常去找盖蒂谈这件事。终于，盖蒂再也忍受不了他这样来烦自己，然后直接买下了这个公司的全部股票，接着就把公司解散了。

从这以后，盖蒂再也没有与其他行业的人员合作过石油生意。当然，盖蒂也没有投资过电影行业。他知道这两种行业必须是专业人士来做，否则是不会成功的。

盖蒂与很多好莱坞电影业人士都建立了良好的友谊，这些人多数都很有活力，而且充满了幽默感。和盖蒂在一起时，他们既可以成为很好的主人，也可以成为很好的客人，盖蒂非常喜欢和他们交往。

作曲家伊戈·斯文斯基是盖蒂的一位好朋友，一次，盖蒂对伊戈说："从来没有人为石油写过曲子，这一点真遗憾。如果有一首曲子可以把勘探石油的戏剧性表现出来，一定非常有意思。" 伊戈看了一眼盖蒂说："想要为石油谱写曲子，还真是困难呢。根本找不到合适的灵感，除非在成捆的钞票上来写。"

有一段时间，好莱坞非常流行一种开玩笑的方式：在别人想不到的时间，一群人闯进别人家里去。一般都是清晨三四点钟的时候，在好莱坞开夜间派对的客人们，突然决定一起到某个朋友家里去。他们首先要确定这位朋友必定在家里早已熟睡了，然后一起开车到这位朋友的家门口，猛按门铃，等有人把门打开后，他们就一起冲进屋子里。然后，他们会把这位朋友从卧室里拉出来，告诉他："我们突然想来你家喝一杯酒，一起来开派对吧！"接着就开始在这位朋友家狂欢了。这种半夜闯入别人家里的恶作剧还有很多花样，通常都是带着原来派对的乐队一起来，最好是鼓号乐队。等到大门打开，乐队就敲锣打鼓地冲进去，一直走到卧室，而睡得迷迷糊糊的主人也会被这震耳欲聋的声响吓一跳的。

盖蒂也亲身经历过这样的事情。那是清晨四点多钟，盖蒂的朋友菲尔·达纳诺斯和大卫·克波迪维尼在马利布海滩组织了一支这样的队伍，盖蒂的一座住宅就在海滩旁边。盖蒂很幸运，因为他当时还没有睡熟，而他的管家马克也非常机灵。虽然门铃一直在响，马克却没有马上去开门，他知道有这种恶作剧，于是故意拖延一会儿时间，好让盖蒂有时间准备。盖蒂穿上衣服后就从后门偷偷地溜了出去。马克等盖蒂出去后才去开门，门刚一动就有一大群人涌进屋里，而盖蒂的那两位朋友则是带着雇来的乐队直接奔向盖蒂的卧室，结果却没见到人。

这时候，盖蒂在一间小房子里穿戴整齐，等了十几分钟，等这群人的兴奋状态稍微缓和一点。然后，盖蒂才向门口走去，来到屋里，他突然止住了脚步。看着这群人稍显失望的面孔，盖蒂吃惊地喊道："天哪！我是不是把日子给搞错了，以为明天才要举行派对呢！"而且尽量装出了一副惊讶的表情，这下所有人都乐了。

这些事情都给盖蒂留下深刻的印象，他也一直与这些朋友保持着联系。虽然盖蒂不是一个喜欢怀旧的人，但是电影业的朋友给他带来的快乐，总是让他回味悠长。

2. 与女性相处

多数电影业的朋友都很喜欢和盖蒂交往。但是，也有一些朋友因为一些女性朋友的关系，与盖蒂产生了隔阂。查理·卓别林和盖蒂的关系一直不太好，他们两个就是由于女性朋友才产生的不和。

卓别林是一位喜剧大师，盖蒂非常喜欢他演的电影。在一次聚会上，盖蒂认识了卓别林。他感觉和卓别林在一起是一件非常开心的事。但是，卓别林却因为他和自己的一些女朋友关系密切，对他感到非常不满意。后来，两人的关系三十多年都没有恢复，这主要是因为卓别林的女朋友——琼·贝瑞闹的那场官司。

琼·贝瑞是一位很出色的女演员，长得很漂亮。盖蒂追求过她，两人还热恋了一段时间。和盖蒂分手后，贝瑞开始和卓别林交往。卓别林很喜欢她，还曾在他的自传里详细地描述了自己和琼·贝瑞之间的交往。而盖蒂很快就把贝瑞忘记了，基本没有再联系过她。

过了一段时间，贝瑞怀孕了，十月怀胎生下一个小男孩。她对外宣称卓别林是这个孩子的父亲，但验血却证明卓别林不是。后来，贝瑞提出了诉讼，要求卓别林承认自己是孩子的父亲。陪审团竟然不顾事实而同意了贝瑞的要求，这让卓别林非常气愤。接着，就发生了卓别林被控告触犯英国法律的事，可以说这完全是由贝瑞诉讼案件而引起的。

盖蒂刚开始根本没有关注这件事。但快到开庭审理的时候，他竟然被传去作证人。在证人席上，盖蒂如实回答了他们的所有问题，其实都是一些无关紧要的小事。盖蒂没搞明白，他们为什么要传自己来做证人。

经过一审审理后，陪审团最终判定卓别林无罪。盖蒂非常高兴，因为他们给了卓别林一个公正的裁决。但是，盖蒂发现这次案件彻底破坏了自己和卓别林的友谊。从出庭开始，卓别林就没有和盖蒂说过话，而审理结束后，他也没有再和盖蒂联系过。盖蒂感到有些难过，他完全不明白为什么会这样。后来的三十多年里，盖蒂和卓别林一直都没有过任何交往，直到1971年他们两个人的友谊才恢复。

在那一年，盖蒂和卓别林同时受到英国皇室邀请，一起参加了一场在伦敦举办的晚会。他们两人见过面后，互相很亲切地打了招呼，并坐在一起交谈。当时，两个人都是80岁左右的高龄了，到了他们这样的年纪，如果还为了几十年前的事怀恨在心，那可真是太荒谬了。

晚会上，他们的双手紧紧握在了一起。卓别林微笑着告诉盖蒂："能和你再一次握手真的很高兴，这些年我早想与你恢复朋友关系，可惜一直没有合适的机会。"盖蒂听完后，也笑着说："我和你想的一样，恭喜咱们两个又成了朋友。"盖蒂心里非常快乐。他一直都很欣赏卓别林，也希望卓别林能够了解自己的感受，可惜这些年他们没有能够交往。这一次能够和卓别林恢复关系，盖蒂也是由衷地感到高兴。

还有一次，盖蒂因为意外才避免了和朋友产生不合。有一段时期，盖蒂住在加利福尼亚州圣塔孟尼加附近，他在海滩边建造了一座房子。隔壁是一幢非常宽大豪华的别墅，里面住的是电影明星玛莉安·戴维丝。这幢别墅是著名出版商威廉·赫斯特专门为她建造的，两个人是男女朋友的关系。

威廉很爱玛莉安，玛莉安住的这幢别墅，差不多有一百个房间，每个房间里都有一座壁炉，全都是威廉从英国一些古老的家族手中买过来的。盖蒂参观过这幢别墅，他估计这幢别墅至少价值500万美元。虽然知道威廉比较容易吃醋，但玛莉安还是和盖蒂成了好朋友。盖蒂经常到玛莉安家里做客，碰到威廉时就一起出去吃饭，因为威廉和盖蒂也是朋友。

有一年元旦，威廉邀请盖蒂一起游玩，参观他在圣塞米安建的一个新庄园。盖蒂很高兴，马上接受了威廉的邀请。盖蒂早就听说过威廉擅长创作，他也想看看庄园会被建成什么样子。盖蒂是晚上到的庄园，参观了一会儿，就到了用晚餐的时候。除了盖蒂外，威廉还请了十几个朋友，他们都是社会上的显要人物。

当时，玛莉安坐在威廉的旁边，而盖蒂坐在了玛丽安旁边。威廉非常反对酗酒，一般在用餐以前，他会为每位客人准备一杯鸡尾酒。当然，他和玛莉安也都只有一杯酒。而玛莉安却很喜欢喝酒，很快她就喝完了自己的那一杯鸡尾酒。显然，她还想再喝点，这时她发现盖蒂一直没有动他的杯子。

玛莉安看着盖蒂，轻声地对他说："盖蒂，如果你不想喝，我可以喝了你的那杯酒吗？"坐在旁边的威廉也听到了，他皱着眉头说："不可以！喝一杯就行了，盖蒂先生也需要一杯开胃酒。"玛莉安没理威廉，继续请求盖蒂："把你的酒递给我，好吗？"

显然，盖蒂这时候已陷入了窘境。他是该拒绝自己可爱的朋友玛莉安，还是冒险来激怒晚会的主人呢？正在犹豫的时候，他的手不小心碰到了酒杯，竟意外地把杯子碰倒了，酒全部洒到了桌子上。威廉后来称赞盖蒂，用这么漂亮的办法解决了他们的困窘，可盖蒂知道，自己完全是出于偶然。但他并没有告诉威廉真相，省得威廉再多想。

3. 最好的伙伴

盖蒂的朋友很多，其中有两位和盖蒂的关系最要好，他们就是查尔司·孟锋和艾尔希·乌尔夫，这两个人是一对夫妻。1949年夏天，盖蒂来到了法国，和这对夫妇做了很长时间的邻居。不过，只要盖蒂和他们在一起，就会有怪事发生在他身上。

盖蒂和查尔司夫妇很早就是好朋友。艾尔希的家庭非常富有，她成功地建立了自己的事业。查尔司原来在英国外交部工作，是新闻室的一位官员。后来，两个人都住在巴黎，交往更多了一些。查尔司比艾尔希小了几岁，所以他常常会向她请教问题。

艾尔希以前对盖蒂讲过，她和查尔司结婚时还发生了一个小插曲。两人结婚的日子定下来后，他们给所有的朋友都发了请帖。但是，大概在结婚前的一个星期，查尔司突然跑来告诉她："艾尔希，有件事我一定要告诉你。""什么事？"艾尔希问，查尔司支支吾吾地说："嗯……坦白对你说吧，其实我有好几个情人，就算结婚了，我也不想放弃她们。"

听到这里，盖蒂不禁大笑起来，他问艾尔希："然后呢，你是怎么说的？"艾尔希看了一眼盖蒂，用一种无奈的口吻说："我能怎么说，结婚的东西全部准备好了，而且我们的朋友都已经收到了请帖。我总不能因为他有几个情人，就突然对外宣布取消婚约啊。"她后来还告诉盖蒂："这不算什么，关键是他的这几个情人中，还有两个条件很好的女孩，我甚至觉得她们比我还要适合查尔司。"

结婚后，查尔司的表现让艾尔希很满意，他一心一意地爱着艾尔希。他们在凡尔赛市买了一幢别墅，定居在了巴黎。

有一天晚上，盖蒂带了两个女孩子到查尔司夫妇的别墅吃晚餐。用完餐后，查尔司邀请他们一起看电影，查尔司有个私人电影室。电影开始播放后，盖蒂发现自己以前看过这部电影。而且他觉得有些累，想休息一会儿。在盖蒂来别墅的时候，查尔司已经为盖蒂收拾好了一间屋子，并告诉盖蒂那是他休息的房间。盖蒂认为他们看电影这一会儿的时间，正是自己去休息的好时机。于是他就悄悄地离开了电影室，来到楼上自己的房间，躺在床上睡着了。

盖蒂没想到，他这一觉竟一直睡到了第二天早上。艾尔希发现盖蒂后，狠狠地责备了他一顿。"昨天晚上，电影放完后我们发现你不在了。"她说，"所有人都不知道你去了哪里，那两个女孩非常生气，我也很生气，你竟然没有和我们打声招呼就走了。查尔司气得最厉害，女孩需要有人送回家，找不到你，只好他开车送她们回去。"

"什么，查尔司送她们回去的！"听到这里，盖蒂不由得紧张起来。他知道那两个女孩的家离得非常远，一个在巴黎南边，一个在巴黎北边。要把她们两个都送回家，差不多要开三个多小时的车。因为自己的不慎，让查尔司在夜里开了那么久的车，盖蒂都有点怕见到他了。幸好，查尔司的脾气很好，只是略微地讽刺了一下盖蒂。但是，那两个女孩却没有原谅盖蒂，她们以后几乎都没有再和他联系过。

几周以后，盖蒂再次到查尔司家作客。当时，查尔司的家里还有一位客人——著名电影女明星葛丽泰·嘉宝。盖蒂和她也比较熟悉，他们是在好莱坞认识的。盖蒂知道葛丽泰是一个性格外向的人，特别是和朋友在一起的时候非常喜欢开玩笑。

第二天早晨，葛丽泰正躺在泳池的长椅上晒太阳。盖蒂从房间里出来，他还没有整理好自己的装束，看上去比较邋遢。碰到葛丽泰后，盖蒂觉得很尴尬，但葛丽泰却很愉快地和他交谈起来。过了一会儿，艾尔希也从房间里出来，看到盖蒂后，她皱着眉头说："盖蒂，你怎么搞的！穿成这样，还和葛丽泰小姐坐一起。"盖蒂的脸腾地红了，马上站起来。

葛丽泰抬头看着艾尔希，面带微笑地说："亲爱的，你今天早上穿的衣服还没盖蒂先生的好看呢。"这可能是艾尔希长这么大，第一次被别人当面批评。艾尔希狠狠瞪了盖蒂一眼，转身跑回了屋里。到中午的时候，葛丽泰和盖蒂都得到了艾尔希的原谅，她也知道这只是开玩笑。让盖蒂尴尬的事还不止这一件。

几天以后，葛丽泰要回到纽约去，她想让盖蒂帮自己在比耶旅馆订一间套房。因为比耶旅馆是纽约比较豪华的一家旅馆，当时是盖蒂机构的产业。盖蒂向葛丽泰保证，一会儿就会替她办好这件事情。他给比耶旅馆经理法兰克·帕吉发了一封电报，要帕吉在葛丽泰到纽约的时候为她留下一间套房。帕吉没有给盖蒂回电，盖蒂也认为这是件小事不需要回电，也就没放在心上。

过了一个月，盖蒂来到了纽约，也住在了比耶旅馆，他和经理帕吉谈起了这件事。"葛丽泰小姐在这里住得愉快吗？"盖蒂问，帕吉惊讶地回道："盖蒂先生，您怎么会知道这件事呢？葛丽泰小姐上一个月来这里，说她订了房间，但我们却没有记录。而当时刚好旅馆客满，连一间空房都没有。她非常生气，后来住到了附近的一家小旅馆。"

听到这里，盖蒂感到太对不起葛丽泰了，很明显那份电报没有到达。他只好在心里默默地想：要找个机会好好地补偿一下葛丽泰。谁知道，盖蒂第二天就碰到了葛丽泰。当时，他正沿着路边走，葛丽泰从对面走了过来。他非常慌张，连忙躲进了一家商店里。

而葛丽泰也跟着盖蒂走进商店，"早啊，盖蒂先生。"盖蒂有些进退不得。毫无疑问，葛丽泰现在是他唯一要避开的人。过了一会儿，盖蒂结结巴巴地向她表示道歉。葛丽泰微笑着告诉他，自己早已经原谅他啦！

4. 怎样做父亲

　　盖蒂在稳步发展自己事业的时候，孩子们也都在慢慢地成长。他一共有5个孩子，全是儿子。而盖蒂和5位妻子都离婚了，所以他的孩子都是跟着母亲长大的。这也有一点好处：由于不经常和盖蒂在一起，他们也不用去承受太多的压力。

　　很多伟大又著名的人物，他们孩子的身上都背负着很大的压力。兰道夫是英国著名首相丘吉尔的儿子，媒体报道说他是一个性格非常冷漠的人。盖蒂和兰道夫是好朋友，却认为他性格很温和。每当他们在一起的时侯，盖蒂总是觉得非常愉快。后来兰道夫自己指出：因为他父亲是一位著名的伟人，所以在很多场合，他都必须注意自己的言行。

　　以前，盖蒂也遇到过相同的问题，只不过程度相对较弱而已。盖蒂的父亲乔治·盖蒂是一位非常成功的商人，虽然没有获得世界级的声望，但是在美国石油行业，乔治却拥有很高的名气，很多人都十分尊敬他。身为乔治·盖蒂的儿子，盖蒂在一开始从商的二十年里，他也深刻地感受到了那种压力。盖蒂周围的很多人，包括他的亲戚朋友以及别的石油商，都是以他父亲的成就作为衡量尺度，来评论他的表现。

　　当然，这也是促使盖蒂更加努力工作的一个重要因素，成了他事业的推动力，他一心想要自己的事业达到父亲的那种程度。后来，在父亲去世的时候，盖蒂在日记中写下了这样一段话："作为一个著名的成功人士的儿子，真的非常累。我每天都要努力去做一个值得别人赞赏的人，以后我还必须要更加用心地去做事。"

盖蒂的性格和人生主要是受到自己父亲的影响，他从小就是在父亲的引导下成长起来的。加入石油这一行业，也是听从父亲的建议。但盖蒂对自己儿子一生的影响力和控制力却非常微小，这主要是因为他在婚姻上的失败。

盖蒂的5次离婚官司程序几乎一样，离婚诉讼都是他的妻子提出来的，所以5位妻子都是原告和被害者。其中4位妻子为他生了孩子，后来在法院判决的时候，都把孩子的监护权判给了他们的母亲。

虽然盖蒂的这4位妻子都允许他可以随时来探望自己的孩子，但是盖蒂一直要为事业忙碌，到妻子那里看孩子的机会不多。而且每一次去看孩子，他们顶多在一起度过几天时间，所以盖蒂根本就不能对自己的孩子产生很深的影响。

盖蒂非常疼爱自己的孩子，自从他们一出生，盖蒂就视如珍宝。由于以前别人经常把自己和父亲对比，盖蒂在早期事业上受到过很大的压力。所以盖蒂很早就认识到，不要因为是自己的孩子，就过分地高估他，更不要以自己的孩子就一定要和自己做一样的事业。

然而盖蒂的父亲为他们创建了庞大的家族事业，接着盖蒂又继承并发展了这项事业。因此，盖蒂还是希望自己的儿子都加入到这项事业中，最好能像他一样来继承他们的家族事业。可是后来几个孩子的选择让盖蒂感到有些失望，只有长子乔治·盖蒂二世决定走他这条路。他也知道自己不能决定孩子该做什么，以及他们以后的生活道路。

盖蒂有时候会想，自己几个儿子选择别的生活方式，在很多方面，是因为盖蒂的几位前妻的教导。因为以前盖蒂过于专注自己的事业，他的几位前妻都感到很不满意，这也是造成他们最终离婚的一个非常重要的因素。盖蒂知道，妻子在和自己离婚后，她们内心的想法和感觉一直都没变过，都不支持盖蒂的事业。

而孩子们都是跟着自己的母亲长大的，他们的想法一定会受到母亲的影响。盖蒂的前妻认为，盖蒂一开始工作就冷落了自己的家庭，因为他对事业的专注，他们的婚姻遭到了严重的破坏，所以她们肯定不愿意孩子们再按照他的模式生活。盖蒂的儿子基本都是根据自己的性格和爱好，选择了他们的职业。

虽然盖蒂有4个儿子都没选择加入他们的家族事业，但是在盖蒂的坚持下，他们每个人还是都曾经在家族事业中尝试过一段时间。因为盖蒂想起了当年，自己也是在父亲的建议下才加入石油行业的。他也希望孩子们能和他一样，在尝试后很快喜欢上这一事业。但是，有两个孩子在盖蒂机构工作了一个多月就放弃了。

其中一个孩子是朗尼，其实他很擅长做生意。在他主持盖蒂石油公司德国分部那段时间里，公司的业绩增长了很多。但是朗尼还是觉得自己更喜欢电影行业，在离开盖蒂机构后，他就去了好莱坞发展，成了一个很成功的制片人。

另一个孩子是戈顿，他也曾很认真地在盖蒂机构工作过。他原本也是想要在石油行业找到自己合适的位置。可过了一个多月，戈顿却发现，在石油行业的所有职位中，没有一个能够真正引起他的兴趣，后来他选择去追寻文学和艺术。几年时间过去，他不仅学会了作曲，而且还成为一名很出名的钢琴家。

朗尼和戈顿最后没能加入到盖蒂的家族事业中，多少让盖蒂有些失望。但是，盖蒂还是和以前一样深爱着他们，既然他们已经找到了最喜欢的职业，那就让他们好好地去生活吧。因为盖蒂早已认识到：作为一个父亲，一定要尊重自己儿子的选择。他们都已经长大成人，对很多事情都有自己的见解，父亲要做的就是尽量引导他们做好自己喜欢的事就可以了。

5. 悲伤的回忆

第米是盖蒂最小的儿子，也是他最疼爱的儿子。可是一提起第米，盖蒂马上就会陷入到痛苦的回忆之中。第米12岁那一年，因为一次手术的失败不幸去世了。

第米在7岁的时候，曾和他的母亲路易丝一起来到伦敦，因为当时盖蒂一直住在伦敦，他需要处理公司在欧洲的一些事务。那时第米已经到了该上学的年龄，而路易丝想让自己的孩子接受美国的教育，所以路易丝和第米很快就回到美国去了。这一年年底，盖蒂搬到了法国巴黎。虽然他也很想回美国和家人团聚，但是欧洲的事情一直让他无法脱身。当时盖蒂石油公司正在和自己的合作伙伴商谈，他们正准备在法国为公司建造一支油轮船队。

后来路易丝带着第米再一次来到了欧洲，因为盖蒂已经几年没有回过美国了，她是来和盖蒂商议一下他们的家庭生活。盖蒂非常想保留住他们的婚姻和家庭，但是路易丝告诉他，只有回美国生活，他们的婚姻才能继续下去。可当时，盖蒂确实不能离开欧洲，他们的公司刚从中东开采出大量的石油，很多事情都需要盖蒂亲自处理。又过了两年，路易丝就向盖蒂提出了离婚。

盖蒂虽然非常疼爱第米，却没能一直陪伴在第米身旁。第米12岁那一年，一直觉得头很痛，路易丝带着他到医院去检查。医生告诉她，第米的脑中有一个肿瘤，需要做手术切除掉，第米很勇敢地接受了这次手术。

手术完成以后，他们请美国杰出脑科专家何恩医生做了复查。经过何恩医生一番会诊，然后告诉路易丝说："手术比较成功，第米脑中的肿瘤已经没有了，只是在他的额头上留下了一处伤疤。伤疤比较深，你们可以找一家整容医院再做个小手术。"

听完医生的话，路易丝松了一口气。她打电话对盖蒂说第米已经没事了，但还需要做个小手术修整一下额上的伤疤。整容手术一般都不会有什么危险，因此路易丝和盖蒂都没有把这件事放在心上，让他们没想到的是，这次小手术却夺去了他们宝贝孩子的生命。

没多久，路易丝给盖蒂打电话，告诉他第米已经做完了整容手术，第米的情况看起来很好，让盖蒂不要担心。可是又过了几天，盖蒂却突然得知第米情况恶化的消息，因为整容手术不慎把上次手术在脑中留下的伤口弄破了。盖蒂非常担忧，他告诉路易丝，如果第米的状况有什么变化，就马上通知他。那一天盖蒂再也不能入睡，他在心里默默地为第米祷告，希望自己的小儿子能够重新好起来。

　　几天后的一个夜里，盖蒂接到了路易丝的电话。由于当时正经历着狂暴的雷雨天气，听不清楚电话中路易丝在说些什么，只能断断续续地听到她正在哭泣。后来盖蒂知道了，原来他们的孩子第米已经去世了。知道了这个消息，盖蒂眼中的泪水止不住地流了下来，他后来在日记中写道："第米是我最好的、最勇敢的儿子。宝贝，没有了你，我的整个世界都失去了颜色，而我也更加孤独了。"

　　第米去世的时候只有12岁，他拥有着一颗温暖的心，对周围事情都很感兴趣。他经常会给盖蒂写信，表达着他对盖蒂的思念。受母亲的影响，他很虔诚地信奉上帝。他的去世，在盖蒂生命中留下了无尽的空虚。盖蒂每次回忆起小儿子，内心都隐隐作痛。

　　盖蒂的三儿子尤金26岁就和漂亮的格尔结婚了。两年以后，他们有了一个儿子，名字叫保罗，这也是盖蒂的第一个孙子。在盖蒂的要求下，尤金和格尔带着孩子保罗来到欧洲。看到自己的孙子后，盖蒂非常兴奋，他带着尤金一家人去参观在法国举行的世界博览会。

　　回到住处后，尤金·保罗向盖蒂提出一个请求，他想把自己的名字改为保罗·盖蒂二世，他的孩子改为三世。盖蒂听完很高兴，马上就同意了这个请求。

　　那时候，在中东那片中立地区的石油产量大增，盖蒂想要在欧洲大陆建立一座大型的炼油厂。经过一番调查，他得知意大利的一家财团，在意大利佩斯卡拉省的郊区建了一座大型炼油厂，但是因为一直没有赚到利润，他们打算把这家炼油厂以及整个果尔富公司都出售掉，盖蒂决定马上把它买下来。

　　尤金在听说盖蒂要买下意大利的果尔富公司后，他找到并告诉盖蒂，格尔和他都喜欢住在意大利。如果盖蒂允许，尤金想要在盖蒂机构买下果尔富公司之后，他来管理这家公司。听到自己的孩子想要管理家族事业，盖蒂自然就直接答应了。

　　经过一段时间的谈判，盖蒂机构顺利买下了果尔富公司。尤金和格尔就带着孩子迁到了米兰，并在公司的附近租了一幢公寓。后来果尔富公司迁到了罗马，名字也改成了意大利盖蒂石油公司。

　　通过尤金这几个月在公司里的表现，盖蒂认为他有能力经营好这一家公司。而且尤金和格尔也都比较喜欢住在罗马，于是盖蒂打算把这里的事务都交给他。一天，盖蒂问尤金："我想把意大利的一切事务都交给你负责。你感觉自己能够承担下来吗？""我也不太清楚，但可以试试。我会尽最大的努力做好所有的事情。"尤金回答，盖蒂也觉得可以让他试一下。

　　接下来的几年时间，尤金虽然没有做出什么轰动全球的事，但是一切都做得很出色。然而，时间没过多久，也不知道是什么原因，或是发生了什么事，尤金突然对整个事业都失去了兴趣。他放弃了工作，靠着以前盖蒂母亲建立的信托基金来生活。不仅如此，他还和格尔离婚了，孩子由格尔照料。

　　有关尤金的事，各种媒体都进行了报道。尤金作为世界第一富豪的儿子，而且还是二世，他们当然不会放过他的事。一些报纸上也刊登出来：大富豪盖蒂的儿子尤金放弃了自己的家族事业，自愿变成一个普通人。

　　尤金为什么要这样做，盖蒂不便直接询问。他只能认为尤金还很年轻，而自己这个做父亲的也没有及时给他做出正确的引导。多年以后，盖蒂还是觉得自己有愧于这个孩子。

6. 唯一的继承人

乔治二世是盖蒂的长子，在普林斯顿大学毕业。他告诉盖蒂，自己想要加入到家族事业中，这让盖蒂感到非常高兴，而且，乔治也愿意从最底层开始干起。过了一段时间，盖蒂就发现这个孩子很擅长做生意，尤其是在石油这一行业，更是表现出一种特殊的天分，似乎是祖父遗传给他的。

在中东的那片"中立地区"，盖蒂机构获得了石油开采权以后。乔治二世就作为盖蒂石油公司的代表长期住在了那里。后来，盖蒂在他的建议下，前往沙特阿拉伯的中立地带查看。盖蒂曾经在日记中写下了对乔治二世的赞扬："今天来到沙特，在和公司的人交流了以后，我发现，乔治似乎在这里很受欢迎呢。"

乔治二世是一个充满活力的人，他每天都积极地投身于盖蒂的家族事业中，是公司里一股非常有推动力的力量。盖蒂机构的所有人员都认识到，他是以长子身份来承继和发展盖蒂家族事业的，都十分配合他的工作。而盖蒂在仔细观察过他的工作表现后，也认为他有能力掌管好自己的家族企业，于是也开始将乔治二世作为盖蒂机构的继承人来培训。

在中东的"中立地区"开采出石油以后，盖蒂的商务活动就发生了巨大的改变，因为盖蒂机构迅速地成长为了世界级的企业。

虽然盖蒂机构成长得很快，但它旗下的各个公司控股权并没有太分散，绝大多数还是掌握在盖蒂家族的手中。所以，严格来说，盖蒂机构并没有发展成一个集团组织，而仍是以盖蒂为中心的家族事业。

乔治二世在公司里的精彩表现让他在家族事业中的地位迅速上升。公司里的人都非常认可乔治二世，不仅因为他是老板的儿子，而且也是因为他确实很有能力。

盖蒂觉得应该让自己的孩子多接触一些事情，于是就把乔治二世调回了美国。回美国后，他先后在斯巴达工厂、斯凯里石油公司以及潮水联合公司做各种工作。后来，潮水联合公司的董事会和盖蒂商议，同意让他来做公司总裁。

做了总裁以后，乔治二世常常会为公司提出一些新的建议。很多时候，他和盖蒂的看法都一致，但有的时候两人想的也会不一样。这时候，他就会立刻直说出来，和父亲盖蒂一起讨论，工作上，他们之间更像是朋友。盖蒂在伦敦时写的许多日记内容都可以反映出他们的这种融洽的父子关系。

"今天上午，乔治来和我谈商务上的事情，我们聊了整整一天。"后面连续几天的日记内容，几乎都是这样：整天和乔治二世谈公司里的事，而且每次都会说上好几个小时。

有一段时间，盖蒂整天都和乔治二世在一起。后来，乔治二世准备乘飞机去纽约。盖蒂告诉他，美国潮水联合公司领导人员很优秀，建议他多和这些人接触，能从中学到很多东西。

乔治二世知道父亲给自己提的建议都是非常重要的，于是到纽约后，经常向公司里的老职员学习，很快就成了一位了不起的行政管理人员。而且乔治二世自身具有很多优良的品质，公司里所有的职员都非常尊敬他，他很快就获得公司里面多数人员的衷心拥护。

后来，潮水石油公司与盖蒂石油公司合并到了一起。这两家大公司的合并，涉及几万名股票持有人的利益问题，也涉及这两个公司内部员工职位和业务问题。这是一个庞大又复杂的工作，在处理这个问题上，最有贡献的人就是乔治二世。

当时，盖蒂正忙于欧洲的事务，这两家公司的合并事宜完全交给了乔治二世。他需要负责执行、指导和协助一切合并行动，不但要关注到大局，而且也要注意好每一项细节。乔治二世非常出色地完成了公司的合并工作，这也让他赢得了一个新职位——盖蒂石油公司的首席执行官。

乔治二世担任首席执行官的几年时间里，对盖蒂石油公司进行了进一步的发展壮大。盖蒂感到很欣慰，他看到由自己父亲创建的事业，经过他的扩展，成了世界级的企业，最后传到自己儿子手中，一定会再创辉煌。

然而在1973年却发生了一件令盖蒂很悲痛的事。那是在一天晚上，盖蒂正和一位朋友在晚宴上聊天。他的私人助理保贝拉·华莱士从北海赶来，说有要事来找盖蒂先生，这让盖蒂感到有些意外。盖蒂和保贝拉来到一间小接待室，他看到保贝拉的神色非常凝重。

"出了什么事？"盖蒂不安地问道。"史都特·爱维（盖蒂石油公司副总裁）从洛杉矶打来了电话。"保贝拉回答。听到这里，盖蒂心中更加不安了。保贝拉从他柯布汉的家中，开车来到伦敦和盖蒂当面说这件事，就已经很不平常。而史都特在这个时间打来电话，让盖蒂感觉到纽约那里出了大事。

"史都特本来想直接打电话给您的，又怕对您的刺激太大，所以让我来告诉您。"顿了一下，他继续说道："盖蒂先生，您要控制好自己。两个小时前，乔治心脏病发作了，送到医院，最终也没能抢救过来。他已经在几分钟前去世了……"

当时，盖蒂一下就傻在了那里，觉得自己的世界好像要粉碎了，他不明白怎么会发生这种事。后来他记得当时内心只有一个想法：不可能，这不是真的。盖蒂的朋友和保贝拉一直在安慰盖蒂，他们看到盖蒂一动不动地坐在那里，眼睛瞪着空中，不说一句话，都害怕盖蒂的精神会彻底崩溃。

第二天早上，盖蒂从报纸上得到了一件更震惊的事。原来保贝拉没有告诉他乔治二世真正的死因。他并不是死于心脏病，而是死于经常服用酒精和巴比妥盐酸镇静剂。但盖蒂知道，他一般是不喝酒的。

世界上许多繁忙的商人，每天晚上都会喝几杯酒，或是服用一些巴比妥盐酸镇静剂，可以减小工作带来的紧张压力。乔治二世是不是太想要和父辈们一样有出色的表现，而承担了太大的工作压力呢？盖蒂觉得直到去世，这个问题会一直困扰自己。

7. 最终的归宿

从1959年年底，盖蒂搬到萨顿庄园居住以后很少再离开过庄园。他知道自己的年龄也大了，而且公司里的人把盖蒂机构管理得很好，所以他也就慢慢闲下心来，不再过于关注公司里的事了。盖蒂偶尔会出去拜访一下自己的好朋友，但也不会去太远的地方。

晚年的盖蒂，最喜欢的就是尽力帮慈善机构做些事。无论是募捐还是举办活动，盖蒂都同意他们使用自己的庄园。萨顿庄园不仅是一座宏大的联络中心，也是一幢充满爱心的慈善场所。在盖蒂看来，帮助慈善机构是他现在所能做的最有意义的事。一直以来，萨顿庄园除了给自己的公司提供方便外，还免费提供给很多慈善机构使用。

而且，盖蒂每年都会亲自参加一些慈善机构举行的募捐会，来为他们募集慈善基金。有时候，他甚至会亲自主持募捐会，以获得社会上更多人的支持。每一次在萨顿庄园举行的募捐会，都会很成功，因为盖蒂拥有很强的号召力，他在商界的巨大名气也让很多人都慕名而来。并且盖蒂总是会带头募捐。

在萨顿庄园里，盖蒂也常常举办一些慈善活动。只有在这些活动中，他才会尽情地玩乐，完全不会再有自己平时沉着、严肃的商人样子。这时候，盖蒂偶尔也会想起自己当年那段疯狂玩乐的岁月。但他清楚地感觉到，现在已经和那时的情形完全不一样了。那时的自己是在虚度时光，而现在则是为社会做着一些最有意义的事。

萨顿庄园的所有活动中，盖蒂最喜欢的就是为伦敦伍京孤儿院举办的晚会。盖蒂非常喜欢孩子，但却从来没尽过一个做父亲的责任。他想在这样一个晚会里，弥补这一缺憾，所以每年在圣诞节这一天，盖蒂都戴上披头的假发和很滑稽的帽子，来陪孩子们玩耍。

盖蒂觉得，每年圣诞节都是他生命中最快乐、最幸福的时刻。

后来，盖蒂的一位朋友乌苏拉·达波也来参加圣诞节的晚会，当她看到盖蒂无拘无束地陪着孩子们嬉戏打闹，不禁大笑着说："真是不敢相信，我们的大富豪竟然能够完全抛开自己的商人面孔。看他那高兴的样子，好像圣诞晚会是孩子们专门为他举行的一样。"其实，很多时候，盖蒂自己也会有这种错觉，认为这是孩子们专门为自己举行的一场晚会。

在最后几年，盖蒂的身体一直都不太好。特别是在自己的大儿子乔治二世去世以后，他的心理受到了很大的打击，身体状况变得更差了。盖蒂有时候会坐下来细细地品味自己的一生。他发现自己的生命很有特色：事业上无往不利，家庭上却无一善终。他打造了一个神话般的商业帝国，却没有成功维护住任何一段婚姻。或许，这就是自己的命运。只是盖蒂觉得自己唯一比较遗憾的事，就是没能好好地爱护自己的孩子们。

盖蒂病倒在床上的日子，他的前妻和孩子们都搬到了萨顿庄园里，轮流守护着他。虽然生命所剩无几，但盖蒂还是感觉很欣慰，他最需要的就是这种家庭的温暖。

1976年6月6日，石油大亨保罗·盖蒂，在自己的萨顿庄园里安详地闭上了双眼。一个拥有世界上最顶级财富和权力的人物去世了，享年83岁。

盖蒂逝世后，留下了巨额遗产。他在遗嘱中表明：自己在盖蒂机构所拥有的股权，全部转交给公司新的继承人。他自己的其他财产，有一小部分给了自己的孩子们，而大部分的财产都捐给了社会，用于做慈善事业。

其中有13亿美元交给了"保罗·盖蒂基金会"，然后再由这个基金会把钱捐给其他的慈善组织，或设立一些慈善奖项。"保罗·盖蒂野生动物保护奖"就是这个基金会设立的，专门为世界野生动物保护组织设立的一个奖项，由美国分会颁发。

还有3亿美元捐给了"盖蒂博物馆"，用来维护博物馆和购买新的艺术品。盖蒂至死都没有忘记对艺术的追求，艺术是他生命中一个重要的组成部分。他一直希望社会上所有人都能够爱上艺术，让社会进入一个更加文明的时代。

在盖蒂漫长的一生之中，到处都显示着个人主义的色彩。他曾经说过：一个人，如果只会跟在别人后面跑，或者是盲目听从别人的意见和主张，那他绝对不可能成为一名成功的企业家。盖蒂一直就很有主见，所以他才能够夺得潮水石油公司的控制权，才敢顶着巨大压力买下中东的不毛之地。也正是由于有主见，盖蒂才会成为商界叱咤风云的人物，以及世界上最富有的人。

从小时候开始爱上石油，而后进入商界，在包括石油和其它约200项不同的投资中，积累了近40亿美元的巨额财富，这就是保罗·盖蒂，一个对事业着迷、对艺术痴情的人。去世之后，把自己挣的大部分钱财都给了社会。或许，在他心中，这样才是自己所有财富最好的归宿。

附 录

保罗·盖蒂生平

保罗·盖蒂出生于美国明尼苏达州，父母都是美国人。一家人生活在明尼阿波利斯市，他的父亲乔治·盖蒂是一位著名的律师，生活非常富裕。后来乔治在俄克拉荷马州迷上了石油，在那里开了一家石油公司，他们家也搬到了加利福尼亚州。

很小的时候，盖蒂就喜欢上了石油。上了高中以后，盖蒂每年暑假时候都会到父亲的油田里工作，而且收获很大。高中毕业以后，盖蒂先是就读于美国南加州大学。但他很不满意那里的学术氛围，而且在那里也没有自己最喜欢的政治和经济学，最终，他选择了到英国的牛津大学读书。

大学毕业后，盖蒂原本是想从事政治。但父亲给盖蒂提了一个建议，让他先从事他们的家族事业，尝试做一名石油商人。由于盖蒂早就对石油很感兴趣，所以他接受了父亲的建议，先试一试。决定之后，父亲还和他定了一个合约：由盖蒂来寻找石油，而父亲负责出钱开采，利益两人分享。

最开始的一年多时间里，盖蒂一直都没有什么收获，他想到了放弃。就在决心要离开的时候，他得到了一个机会。当时，很多人在投标一块油田的开采权，为了得到这块油田，盖蒂请了一位银行家出面。没有想到的是，盖蒂最后居然只用了500美元就轻松地拿下了这块油田。几个月后，盖蒂以4万美元的价格转手卖出了这块油田，赚得了自己人生的第一桶金。

在这之后，盖蒂又在父亲的帮助下开了一家石油公司，他每天都非常热情地投入到工作中去。为了方便工作，盖蒂把自己的办公室安排在了一辆破旧的汽车里，整日奔波于家和工地之间。因为盖蒂自己的努力，再加上他很好的运气，24岁的时候，盖蒂就成了一位百万富翁。

当时的欧洲正经历着第一次世界大战，这时候的盖蒂觉得自己赚的钱已经够用了，于是就转而想去参军。可由于部队里面的各项训练设施并不齐全，他的参军行程也被一拖再拖。所以盖蒂决定先去享受一下人生，他买了好几辆卡迪拉克轿车，每天穿梭于南加州的各种娱乐场所。

1919年，在南加州，越来越多的油田被开发出来。看到一块块新油田的出现，盖蒂决心放弃那种无聊、空虚的玩乐生活，重新投入到石油行业中来。

再一次投身石油行业，盖蒂的运气还是那么好，他连续买到了几块产油量非常高的油田。盖蒂靠着自己的执着精神和艰苦奋斗，逐渐地把盖蒂石油公司发展壮大。到上世纪20年代末的时候，他的公司资产就已经达到了一千万美元。

然而没过多久，美国就爆发了空前的经济危机，绝大多数商人这时都开始抛股票、卖企业，但盖蒂没有这么做，他冷静地观察到，这次是一个绝佳的机会。他要趁着股票处于低迷期，用自己现有的资金收购一个大型的石油公司，让自己的企业拥有自主的炼油设备和销售通道。

盖蒂把目标锁定为潮水石油公司。经过一段时间公司控制权的争夺，盖蒂也渐渐地陷入了困境。然而事情又很快出现转机，一次偶然的机会，盖蒂从石油大亨洛克菲勒手中购得了大量潮水石油公司的股票，从而夺取了这家公司的控股权，最终完全掌握了这家公司。

这期间，盖蒂曾先后结过5次婚，也有了几个孩子，但他的婚姻都以失败而告终。而所有孩子的监护权都判给了妻子，盖蒂大部分的时间都是一个人在生活。

美国在第二次世界大战参战后，盖蒂想参加海军，做一名导航员。但朋友詹姆斯·法瑞士塔不赞成他的这个想法，在詹姆斯的劝导下，盖蒂放弃参军的念头，开始亲自主持斯巴达飞机工厂。在他的领导下，这个工厂多次神奇地完成了任务。战争结束后，盖蒂又开始经营自己的石油事业。

1949年，盖蒂把注意力放在了中东。后来，他得到了沙特阿拉伯一片中立地区的石油开采权，也为此付出了1200万美元的代价。当时，公司里的人都质疑盖蒂的这一做法，而石油界的一些人士也认为，盖蒂根本就是在自找破产。

最初的几年里，盖蒂在中立地区一直都没什么收获。在长子乔治二世的建议下，盖蒂亲自来到中东指挥。一年后，盖蒂从中立地区钻出了大量的石油，滚滚而出的石油证实了，中东是世界上藏油量最多的地区之一。而盖蒂的企业很快走向了世界的顶端，他也成了一位真正的石油大亨和世界首富。

盖蒂在自己的欧洲企业发展起来后，购买了位于伦敦的萨顿庄园。他把萨顿庄园建成了一个大型联络中心，方便对各个公司的运作进行控制。

艺术是盖蒂生命中非常重要的组成部分。从毕业以后，他就开始收藏各式各样的艺术品。住进庄园没多久，盖蒂想要把自己多年来的收藏品供给大家观赏，于是他自己出资建成了一个私人博物馆，把以前所有的收藏品都捐到了这个博物馆里，供人免费参观。

老年的盖蒂最常做的就是参加慈善活动，或是去参观一些艺术品展览会。1976年，盖蒂在萨顿庄园里去世。他立下遗嘱，把自己的大多数财产都捐给了社会。

保罗·盖蒂年表

1892年10月25日，保罗·盖蒂出生在美国的明尼阿波利斯市。

1903年，开始接触石油。

1908年，在父亲的油田里工作。

1912年5月，到中国和日本旅行，爱上艺术品。

1912年11月，进入英国牛津大学学习。

1913年，在俄克拉荷马州勘探石油。

1916年，得到自己的第一块油田。

1916年2月，成立盖蒂石油公司。

1916年12月，赚到了100万美元，并决定从石油行业退休去参军。

1919年，重新返回石油界，继续经营盖蒂石油公司。

1924年1月，买下雅典油田，盖蒂石油公司获得巨大成功。

1932年，开始争夺潮水联合公司的控股权。

1935年1月，从洛克菲勒手中购得大量股票，获得了潮水联合公司的控股权。

1941年，经营斯巴达公司。

1948年，购买了位于沙特阿拉伯中立地区的石油开采权。

1954年6月，从中东地区开采出大量的石油，盖蒂机构成为世界级企业。

1957年，被《富豪》杂志评为世界第一富豪。

1959年，买下萨顿庄园，成立欧洲联络中心。

1964年，建立盖蒂博物馆。

1976年6月6日，在萨顿庄园去世。